目次

第2章　努力は才能を凌駕する

選んだ道（序文に代えて）

京都産業大学ラグビー部監督の大西健を初めて取材したのは１９９９年の秋だった。京都新聞社運動部の記者として、当時は第二体育館の２階にあった研究室に電話を入れてアポイントを取り、京都市北区の京産大総合グラウンドを訪れた。開幕が近づくシーズンへ向けて、チームの仕上がりぶりを聞いて運動面の記事にまとめるというスポーツ取材の基本と言えるような仕事だった。

専用グラウンドはなく、陸上部と共用だった。タータンが敷かれたトラック部分は陸上部員が使い、トラック内の土の部分でラグビー部は練習していた。１９８０～90年代の関西リーグは指折りの伝統校である同志社大を筆頭に、「ヘラクレス軍団」と呼ばれた大阪体育大、京産大の「３強時代」。すでに京産大は関西大学Aリーグで優勝４度、全国大学選手権準決勝に６度進み、関西強豪としての地位を固めていた。「打倒同志社」を合言葉に、無名選手を猛練習で鍛え上げる京産大のスタイルも広く知れ渡っていた。

大西が練習中に見せる厳しさは想像した通りだった。会社のベテランのカメラマンから逸話を聞いていたからだ。全国大学選手権に向けた練習を取材中、思わずタッチライン際まで近寄って撮影していると大声で一喝されたという。「練習の邪魔だ。こちらが頼んで来てもらっている訳じゃない」。凍りつく現場の光景が目に浮かぶようだった。後年、このエピソードを大西に話すと「そんなこと言いましたかね？覚えていないですね」と笑っていたが。

練習開始の30分ほど前に到着し、いろいろな話を聞いた。グラウンドに少しずつ選手たちが集まり、大西が指示した練習メニューが進んでいく。すると「ちょっと（練習に）入ってきます。待っていて下さい」と笑って言い残し、自ら練習に加わった。一般に「キックダッシュ」「ヘッドスピード」などと呼ばれる練習で、選手は3～4人のグループをつくり、大西が10メートルほど前に蹴り出したボールを追いかけてキャッチ、そこからパスをつなぎゴールラインまで走って行くものだ。これを、ひたすら繰り返す。シンプルな内容に見えるが、変則的に転がるボールの捕球、ラン、パス、サポートのコース取りなどラグビーの基本要素が詰まった練習だということはすぐに理解できた。だが、いつまで待っても終わらない。延々と大西は蹴り続け、選手は走り続けた。結局、1時間半ほど続いたように記憶している。終わった時は、すっかり日が暮れていた。

それ以降の取材でも、「ちょっと入ってきます」という言葉は何度も繰り返して聞くことになった。1999年の冊子「関西大学ラグビーリーグメンバー表」を開いてみると、選手は51人。関西大学Aリーグ8校の中でも部員の少なさは当時から目立っていた。2000年代の半ばに専属のプロコーチを招くまで、短期間のスポットコーチを呼ぶことはあっても基本的に大西が1人で指導してきた。練習を休んだことはなく、練習中に腰を下ろすこともない。常にグラウンドに立って指導する姿は2019年のラストシーズンまで変わることはなかった。

創部が1965年という大学ラグビーでは伝統の浅い部類に入るこのチームは、1973年に赴任した大西が林正人主将（4年、東山）ら当時の部員と語り合った三つの夢が礎になっている。

「いつか同志社大と互角に戦えるチームになろう」
「いつか母国、英国遠征を果たそう」
「いつか日本選手権で国立競技場に立とう（学生日本一）」

このうち二つは実現し、大学日本一という目標にはずっと手が届かずにいた。

ひたむきに日本一を目指し、それが言葉だけで終わらないように大西は厳しく自分と学生を律してきた。2004年のインタビューでは、「日本一は学生たちと一緒に追いかけた夢だから、共有した夢を手に入れないといけない。その責任はものすごく感じている」

と話している。教育に携わることは学生時代からの希望だったが、決して監督に憧れているわけではないと言い切った。表情を一切変えず「日本一が取れたら、学生たちの思いが成就したら監督はやめます。日本一は学生たちと目標に掲げ、追いかけてきた夢。2度目からは欲になりますから」とも言った。慌てて念を押すために確かめると「絶対に監督はしません。次の新しい指導者が学生と追いかける新しい夢をつくればいい」と表情を変えずに話した。

この話を聞いた時、ぼんやりと一つの仮説が頭に浮かんだ。全国大学選手権で優勝することに尋常でないこだわりを見せているが、大西は単なる結果としての大学日本一がほしいわけではなく、ただ純粋に学生たちとの約束を果たしたいと思っているのではないか。厳しい練習に打ち込みながら結果が実らず、無念さを胸に抱えて卒業していった多くのOBたちの悲願をかなえることが大学に残る自分の使命だと考えているのではないか、と。

そんな仮説が、確信に変わった時がある。2008年、2009年は実力的に苦しいシーズンが続いていた。春のオープン戦から黒星続きだった08年は関西大学Aリーグで最下位の8位に沈み、入れ替え戦に出場。啓光学園高校を全国高校大会4連覇に導いた名将・記虎敏和率いる龍谷大と顔を合わせた。どうにも奮い立たないチームに危機感を募らせ、大西は最後の手段に打って出た。

試合前のロッカールームに4年生だけを集めて、監督を辞任する意思を伝えたのだ。なんとかAリーグ残留を果たしたものの、Bリーグ降格を回避するために自らの首を差し出したのである。翌09年はOBでコーチだった吉田明（1990年入学、啓光学園）に監督を譲り、自らは総監督となって現場の指導から一線を引いた。山を切り開いて造成された神山球技場に隣接するクラブハウス2階の研究室から窓越しに練習を眺めるか、グラウンドの外回りを周回できるコースを散歩するか。グラウンドには一歩も入らなかった。

当時、よく大西に誘われて外回りを一緒に歩いた。脚を負傷してリハビリ中の学生も同行し、黙々と歩き続けた。周回コースの半分はグラウンドの様子が見える。練習する選手を目で追いながら、大西が日本一という目標の意味について語り始めた。「大学日本一になる意味は、実はそんなに大きいとは思っていないんです。それよりも、そのために最大の努力をすること、どれだけ努力したかに意味がある。日本一になるプロセスが大事なんだと思うんです。毎年、必ずどこかのチームが大学日本一になるわけですし」。だが、すぐにこう続けた。「でも、これを言うためには勝たないと、日本一にならないと言えないです。負けて言えば言い訳になる。このことを伝えるためにも勝ちたいんです」

かつて大西と林らが話し合って決めた三つの夢は、現在はチーム理念として生まれ変わっている。

「いつ、いかなる場合もチャンピオンシップを目指す」
「何事も学生らしく一生懸命、ひたむきに取り組む」

京産大のプレーには、妥協せず日本一を目指すという指導者の哲学が色濃く反映されていた。いつも着用する「赤紺」とは違うジャージーで試合を行ったとしても、どちらのチームが京産大なのかを見分けることは容易だっただろう。

大西には、日本一の栄冠をつかんで言いたかったことが実はもう一つある。「日本代表になった選手もいるけど、それよりも大切なのはチームがBリーグに降格しそうな苦しい時にも頑張って、歴史をつないでくれた学生たちがいたこと。彼らがいたから、後輩たちが日本一に挑戦できる今がある。このことは監督である自分がはっきり言葉にして言わないといけない」。チームの歴史は、スポットライトが当たる有名選手や強い時期の印象だけで語られがちだ。だが、勝てた時期も、低迷した時期も、結果にかかわらずひたむきに努力する無数の学生たちがいたからこそ、京産大というチームは誇りを失うことなく、自分たちの道を進むことができたのだ。

結果から言えば、大西が47年という長い歳月をかけても大学日本一に手が届くことはなかった。学生たちの努力が全国大学選手権優勝という形で実ることはなかった。でも、本気で全国制覇を目指し、死に物狂いになって努力を重ねたチームが京都にあったことは間違いない。それは大西が人生のすべてを懸けて育てた、他校とは少し違った輝きを放つ個性的なラグビーチームだった。気持ちがかみ合った時は格上のチームを屈服させる無類の強さを発揮したかと思えば、意外なもろさを見せて大敗して散ることも少なくなかった。実際の試合では15人の選手がグラウンドでプレーしたわけだが、ひたむきに闘うチームは大西の分身のようにも映った。

ラグビーという競技は、選手一人ひとりの瞬時の判断が連鎖していくことで一つのプレーが生まれる。一瞬に起きた偶然のように見えるが、それは周到に準備された結果なのだ。そこにはチームの考え方や生き方、主張が細部にまで反映されている。

47シーズンに渡って指導した大西健、そして学生たちはどう闘ったのか。チームの歴史と歩みを丁寧にひもとけば、偶然とは思えない必然の道が見えてくる。

第1章 戦い抜いた47シーズン

Aリーグ昇格［1973〜1980］

大西健が京産大ラグビー部監督に就任したのは1973年4月のことだ。天理大体育学部を1972年3月に卒業、そのまま大学に残り母校チームのコーチを務めていた。当時の関西大学ラグビーは同志社大と天理大との2強時代。大西は天理大監督の藤井主計が志向するランニングラグビーにあこがれ、間近で指導法を学んでいた。

当時の京産大は関西大学C1リーグに所属していた。京都産業大学から大西に監督就任の打診があったのは夏合宿を終えた9月頃だった。藤井からも強く勧められ、引き受けることにした。ラグビー指導者としての手腕を期待されつつ、大学教員である講師としての採用だった。当時23歳。ここから47シーズンに渡る、長い旅路が始まったのである。

京産大ラグビー部は1965（昭和40）年の大学開学と同時に創部され、大西は9年目の若いチームを任されたことになる。大学創始者で天文学の権威である学長の荒木俊馬から「ラグビー部を強くしてくれ」と直々に激励を受けたという。

日本のラグビーは1899（明治32）年、慶応義塾でクラーク博士が学生に教えたのがルーツとされ、慶応をはじめ1911年の同志社、1918年の早稲田、1923年の明治と大学で盛んにプレーされる「カレッジ・スポーツ」として栄えてきた。関西でも早くから熱戦が繰り広げられ、1927（昭和2）年に京都大、同志社大、三高でリーグ戦を行ったという記録が残っている。当時は「関西大学対抗戦」の名称で実施され、後に「関西大学リーグ」となる。

戦前からの歴史と伝統を誇るチームがひしめく大学ラグビー界で、後発チームとしてどう存在感を示していくか。「伝統校に挑戦することで自分たちの伝統を築くことができる。たとえ歴史が浅くても伝統校になれる」。大西が繰り返し学生に説いてきた言葉はラグビー部だけでなく、当時の京都産業大学の立ち位置とも重なっていたと言えるだろう。

創部した頃のチーム成績を読み解く資料は乏しく、入手できた最古の記録は1969（昭和44）年の関西リーグだ。7校のC1リーグで2勝4敗の5位。70年は4勝2敗の2位、71年は6勝0敗で1位。入れ替え戦で敗れたのか、72年もC1にチーム名があり6勝0敗の1位。このタイミングで大西が監督に就任し、初陣となった73年は昇格したばかりのBリーグ（8校）で戦っている。スコアは不明だが、大阪商業大、甲南大、関西学院大などを破って7戦全勝。大西が手本にしていた藤井監督のランニングラグビーが、そのままBリーグで通用したと推測できる。

本来であればAリーグ昇格を懸けてA8位との入れ替え戦に臨むはずだが、試合が行われた形跡はない。73年のAリーグは同志社大が部員の死亡事故のために出場辞退、7校で実施されている。そのため入れ替え戦がないまま京産大はAリーグに昇格、74年のAリーグは9校で競う特別措置が取られた。この年から監督を退く2019年まで1度も降格することなく、通算46シーズンをAリーグで戦うことになった。2020年まで、1度もBリーグ降格を経験していないのは同志社大と京産大の2校だけである。

Aリーグに昇格した1974年からは同志社大、天理大という全国クラスの強豪もいる関西の実力校と毎年対戦を繰り返し、険しい道を歩むことになる。早慶明など関東の代表校に挑戦できる全国大学選手権に初出場するのは82年の第19回大会のこと。その前年までの8シーズンは勝率4割2分1厘と完全に負け越している。船出となった74年をはじめ77、78年の3シーズンは降格こそ免れたものの入れ替え戦に回る際どさだった。関西トップレベルのリーグで新興勢力が生き残っていくためには多くのことを学び、体得していく必要があった。Aリーグの荒波にもまれながらチームとしての基本スタイルを見つけようと、必死でもがき続けていた。

この時期にチーム戦術が変遷していく様子からは、大西が新任監督として大いに悩み、指導者として激しく揺れ動く気持ちが見て取れる。その一方、試行錯誤を重ねて考え抜いたことで、将来のチームを支えるスクラムやモールなど集団プレーの強化という着想や、トレーニングを課して選手をレベルアップさせる育成手法のヒントを得ている。強豪と呼ばれるチームが必ず１度は通過する、試練の道を京産大も歩み始めていたのだ。

Ａリーグに昇格した１９７４年シーズン、初試合の相手は同志社大だった。９月29日の同大岩倉グラウンド。スコアだけ見ると16―18と接戦だったように見えるが、翌日の京都新聞には「同大、京産大に苦戦　メンバー落とし…」という見出しで記事が掲載されている。続く75年は15―57、76年は０―97と大敗を喫しているから、相当な実力差があったと考えるのが妥当である。同志社大から初勝利を挙げるのは実に14度目の対戦となる87年のこと。90年代以降、両校が激しく関西覇権を争う時代が訪れることを想像した関係者は皆無であっただろう。

その頃の大西が考える基本的な戦術は、恩師である天理大監督の藤井が目指していた「ランニング・ラグビー」が中心にあった。局地戦にこだわるのではなく、ＦＷとバックスの15人が一体となって攻め続ける近代的とされたスタイルだった。ボールをテンポ良くつなぎ、全員が走り回ることで相手の人数を上回り、空いたスペースへボールを運んでさらに攻撃を継続させていく。その戦術は当初、一定の効果を発揮していた。

Aリーグ1年目の74年は2勝6敗で8位、75年は4勝3敗で4位、76年は3勝4敗で4位。順位は上がっているものの上位校との得点差を見れば、実力差が縮まっていないことが分かる。そんな頃、大西に戦術の再考を強く促す一戦があった。

76年、京都大との試合。自陣で組んだスクラムを、そのまま一方的に押し込まれてスクラムトライを奪われたのだ。自分たちのリズムでボールを動かすこともできず16―38で敗れた。その前年は24―3で快勝していただけにショックは大きく、「天理大の学生時代は走って、走って勝っていた。走れば味方の人数が余って、いずれトライになるというのがラグビーの原理やろうと。でも、いくら展開してもFWが押されたらあかんと痛感した」と述懐する。「FWがやられてしまったらバックスは全く役に立たない。FWが踏ん張らないと、ボールを動かすラグビーはできないと思った」とも。それまでの大西には「FWを鍛えて勝つ」という発想は全くなかったという。「走って勝つという天理大時代の考えが頭にこびりついていた。走る練習ばかりして結果が出て、監督になってもそういう練習を行っていた。それがFWがやられてしまったら、バックスの数が増えるどころか（笑い）」。

また、同志社大の華麗なバックスプレーを見せつけられると、持って生まれた才能を伸ばすことの難しさも痛感した。「走り込めば長距離走のタイムなどフィットネスは練習で向上させることができる。だが、才能が大きく影響する短距離の瞬発力などは伸ばすのが難しかった」と思い返す。

それからは一心不乱にスクラム強化に取り組んだ。だが、大西は啓光学園高ではナンバー8、天理大ではフルバックの選手。第1列としてスクラムを組んだ経験はなく、手探りの中で練習を続けた。押すための理論、理屈を自分で構築していく作業は困難を極めた。だが、当時の大西は20代半ばの青年。自らも練習に加わり、選手と一緒に汗を流しながらスクラムの力学を学んでいった。指導者自らが練習に入る姿勢はスクラムの重要度を選手に訴える好材料にもなった。

こだわったのは繰り返し、繰り返し8人同士で組み続ける練習だ。相撲のぶつかり稽古のように実戦を反復することで、スクラムに必要な体の使い方を自然に覚え、筋力が付いてくる。負荷をかけるため、相手方のＦＷのフランカーを2人増やし8人対10人で組むこともあった。時間をかけて何度も組み続け、人数を増やしたＦＷを押し切る光景は大西が引退するシーズンまで続いた。

大西が赴任する前、京産大を指導していたのは近畿大ＯＢの横田昌治だった。大西の監督就任後も、よき理解者としてアドバイスする協力関係が続いていた。毎年夏の菅平合宿（長野県上田市）では定宿にしているホテル・アローザの３０４号室に布団を並べ、ラグビー

1985年頃の横田昌治（左）と大西（京産大総合グラウンド）

や人生について語り合った。

「先生、強い京産大復活させてや！スクラムやで！同志社倒してや！もういっぺん国立行こな！根性や！」。2001年に亡くなるまで大西を励まし続けた。その前年だったか、横田が総合グラウンドを訪れスクラムを指導する光景を覚えている。組み合ったスクラムの上にひょいと上り、8人の背中が水平になっているかを確かめていく。横田がポンポンと背中をたたくと、うめき声を上げながら選手たちは修正していった。

亡くなった翌年の秋、大西は偲ぶ会を催している。日時は同志社大と対戦する11月17日の夜に決め、関係者に案内状を出した。試合は46―50で敗れてしまい、勝利を報告することはできなかったが…。

ランニングラグビーに新しくFWのスクラムという要素が加わり、チーム戦術は2本柱になった。だが、スクラム強化に乗り出したものの軽量選手が多く、短時間では結果に結びつかなかった。77年は1勝6敗で最下位に沈み、78年は2勝5敗で7位、79年は4勝3敗で4位と伸び悩んだ。80年に5勝2敗で初めて3位となり、全国大学選手権に出場できる関西第3代表の座を東海・北陸代表の中京大と争った。だが、この試合もスクラムを押し込まれて10—29で敗戦。これを契機に大西はより一層のスクラム強化へと舵を切ることになる。同時に、スクラムに求められる動作と共通点の多いモールの強化にも着手した。詳細は後述するが、京産大の看板であるスクラムとモールにはオリジナル技術が駆使されている。それは一般理論を教科書にしながらも、大西が長年をかけて選手と一緒に実践ノウハウを現場で築き上げた成果だと言える。

選手育成のトレーニング法にも工夫を凝らした。運動量の多いラグビーを実践するため、走ることにはこだわった。毎週水曜日の朝練習は「雲ケ畑マラソン」。京都市北区にある総合グラウンドを出発し賀茂川の源流を目指すように府道を北上、途中から山道に入り、大西が待っている志明院というお寺で引き返す。往復約20キロの道のりだ。チームの恒例メニューとなり、トップリーグ神戸製鋼でもプレーしたフランカー池上王明（1995年入学、東海大仰星）は「設定タイム内で走れることが多かったと思うが、本当にきつかった。最後まで脚が持てばいいんですけど、脚が残っていないと大変なことに…」と苦笑いで振り返っていた。

中京大に敗れて初の全国舞台を逃した1980年当時、大西は30歳。スクラムとモール、そして走力を徹底強化することで全国強豪へと脱皮していく、そんな青写真を描いていた。だが構想が現実のものとなり、グラウンドに歓喜が響くまでは、まだしばらくの時間が必要だった。

根幹を育てる【1981〜1985】

ボールを動かすための走力とスクラムを重視するスタイルを明確に打ち出しながらも、すぐに結果が出たわけではない。スクラムのメカニズムを研究し、強化法を思案し、練習で落とし込む。第1列で組む左右のプロップ、フッカーのフィジカルが大きな要素を占めるだけに、じっくり時間をかけて体づくりを進めていく必要があった。

一朝一夕には強くならないスクラム強化の難しさに大西は直面したわけだが、短期間では習得できないスクラム技術は、一度その強さを身につけてしまえば他チームに簡単には追いつかれないというメリットも兼ね備えていた。大西はプロコーチではなく一人の大学教員として監督を務めており、特別な問題が発生しない限り、短期的な結果に左右されず長期的にチームに関わっていける優位さがあった。来週、来月に迫った目先の一戦の勝利に執着する指導者であれば、時間がかかる割に進歩の度合いが分かりにくいスクラム強化にじっくり取り組めたかは疑問だろう。

日本代表が8強入りして大注目を集めた2019年のワールドカップ（W杯）日本大会

でも、ラグビーの試合においてスクラムがいかに重要かということは再認識された。しかし、いくら重要性を頭で理解しても、限られた練習時間の中でどれだけ実際に時間を割けるかという問題は残っている。実際の京産大のスクラム練習は8人対8人で何度も組み続けるという単調な動作の繰り返しであり、選手が真剣に取り組む厳しい雰囲気づくりも必要になる。頭部や首に大きな負荷が掛かるプレーだけに大事故を招く危険性が常に伴い、多くの意味で指導者の覚悟が問われる。大西は本気でスクラム強化に懸ける道を選んだのだ。

また、長時間に及ぶ厳しいスクラム練習は、京産大というチームの根幹を育てる結果につながった。努力して強くなる部分を大切にする、という考え方である。早慶明同など伝統校と比較した場合、高校時代から注目された有名選手が入学してくるケースは極めて少ない。個々の能力面で優位に立てない組織が才能集団を上回ろうと思えば、努力して強くなる部分を捨てるわけにはいかない。京産大にとって、その言葉を象徴するのがスクラムやモールというプレーだろう。個々の瞬発力やスキルがものを言う一対一の勝負では見劣りしても、8人同士の戦いに持ち込んで、一人ひとりが与えられた役割と責任を確実に果たせば才能集団の牙城を崩す端緒を見つけることができる。大西が好んで使う「努力は才能を凌駕する」という言葉は単なるキャッチフレーズではなく、京産大というチームが必要に迫られて選択した必然の対抗策だったとも言うことができる。

１９８１年の関西リーグは３勝４敗で５位。優勝した同志社大には11―28、２位の天理大には24―41で敗れたがともに17点差。スコアだけで真の実力差は推し量れないが、ワンサイドゲームの大敗は免れるようになっていた。

集団プレーに磨きをかける一方で、少しずつ好選手を獲得できるようになったのもこの時期だ。１９８２年は、初めて高校日本代表の実績を持った２選手が入学している。フランカー秦光広（大分舞鶴）とＣＴＢ西川登志雄（興国）。翌83年もロック河野弘（興国）とＣＴＢ長尾行将（花園）の２人。１９７０年代のメンバー表を見ると、出身校は大工大高、啓光学園、洛北、花園、新宮、枚方など近畿地方にほぼ限定されている。それが80年代に入ると九州、北陸、東海地方にまで広がりを見せ始めた。

ラグビーに限らず大学の指導者にとって、選手の供給源となる高校指導者とのパイプ作りは全ての土台になる。ラグビーのように多人数で、多彩なポジションがあり、多様な人材が必要な競技ではより大切になる。「烏合の衆」にならないために、主将経験者などリーダーシップを発揮できる選手の存在も貴重だ。大西は「就任当初は高校で指導している先輩、知人を頼っていたが、少しずつ自分で信頼関係を結べるようになった。すると、いい選手を送ってもらえるようになった」と振り返る。関西リーグの中堅校として、徐々に認知され始めていたことも追い風になったはずだ。

簡単には強豪校から色よい返事はもらえなかったが、特筆すべきは大分舞鶴との関係の深さだろう。県立高ながら、1951年創部という歴史あるラグビー部は花園常連校として知られ、74年に全国高校大会準優勝、翌75年には初優勝を飾っている。大西が頼ったのは、天理大柔道部OBであり京産大柔道部を率いていた中治洋一・現京都産業大学名誉教授。中治を仲介役にして、大分舞鶴と良好な関係を築くことに成功した。ラグビー強化に意欲を見せていた大学に大西を紹介したのも中治であり、結婚式の仲人も務めている。79年、その大分舞鶴から初めて入学してきたのがフッカーの三原正也だ。卒業後はNTT西日本の監督を経て京産大コーチも務める。子の亮太（常翔啓光学園）は2013年の主将であり、トップリーグの近鉄に進んだ。

その三原が4年になった82年は天理大から初白星を挙げ、5勝2敗で関西リーグ3位。関西第3代表決定戦で名城大を37―4で破り、創部初の全国大学選手権出場を決めた。メンバー表を見ると、大分舞鶴OBが三原、秦をはじめ5人を数える。1973年に大西が赴任し、主将の林正人らと「いつか日本一に」と誓い合ったシーズンから数えてちょうど10年目。ようやく日本一という目標に挑戦できる舞台に立つことができたのである。

第19回全国大学選手権、記念すべき初対戦の相手は日本ラグビーをリードしてきた早稲田大（関東対抗戦）だった。12月18日の花園ラグビー場。早大のスタンドオフは世代きっ

前半終了間際、スクラムを押し込んで早大から認定トライを奪う
（1982年12月18日・花園）

てのスター選手、本城和彦である。全国屈指の名門校との実力差は明らかだった。京産大は防御の弱さを露呈して前半から失点を続け計8トライを許し、16―45で完敗した。

だが、翌日の京都新聞には「早大に善戦」「FW戦では圧倒」という見出しと「前半終了間際の40分、スクラムを7度も組み直し、認定トライを奪った」という記事が掲載されている。練習してきた形で伝統校から挙げたトライは部員たちの大きな励みになったはずだ。全国舞台に初めて足跡を残しただけでなく、チームの原型ともいうべき戦術スタイルを早くも印象づけることができた。この大会の決勝は同志社大が18―6で明治大を下し、2年ぶり2度目の優勝を飾っている。長く金字塔として輝く大学3連覇への初年度の優勝だった。

翌1983年の関西リーグは5勝1敗1分け、天理大と並んだものの得失点差で初の2位となった。第20回全国大学選手権は日本大（関東リーグ戦）と12月18日の花園で対戦、待望の全国初勝利を挙げている。前半を16―0で折り返すと、風下になった後半も攻め続けて22―4で快勝し、国立競技場で開催される準決勝へとコマを進めた。

初めて迎えた正月2日の東京・国立競技場、迎えた相手はV2を狙う同大だった。メンバーにはロック大八木淳史、フランカー土田雅人、CTB平尾誠二、WTB東田哲也らスター選手が揃う同大の黄金時代である。互いに手の内を知る状況での再戦となったが、同大が8トライを重ねて46―15で大勝。京産大に全国頂点を本気で狙うチームのすごみを見せつけた。

この試合のエピソードを、同志社大で監督を務めた故・岡仁詩から聞いたことがある。当時の同大は1976年から85年にかけて記録した関西リーグ71連勝を更新中で、この頃から選手は負けることへのプレッシャーを少なからず感じていたという。皇子山陸上競技場で京産大を22―3と突き放し関西リーグ8連覇を決めたものの、FW戦では受け身に回る場面も多かった。「負けなくて良かった。連勝がストップするところやった」と話しかけてきた平尾に、岡は「思ったより点差が開かなかったな」と返した。それから約1カ月

夏の菅平合宿（1983年）

後、国立での再戦で完勝すると平尾は「やっぱり、30点開きましたね」と言ってきた。岡は「ぼくの言葉を覚えていた。ワンシーズンで2回対戦して、気にはなっていたんでしょうね」と振り返った。同大のライバルと呼ぶには遠く及ばないが、少しずつ意識する存在になりつつあったのだろう。

1984年は5勝2敗で関西リーグ3位となったが、関西第3代表決定戦で中京大に16―34で敗れて全国大学選手権出場を逃した。16度目の出場だった天理大が12―7で専修大に勝ち、全国初勝利を挙げている。

1985年の関西リーグは同志社大に3―6で競り負けたものの、6勝1敗で3校が並び、3校間の得失点差で大阪体育大の優勝、2位京産大、3位同志社大と決まった。同大は関西リーグの連勝が71でストップ、京産大は初めて同志社を上回る順位となった。第22回全国大学選手権は1回戦で日体大に13―4で快勝。FWがスクラムや密集戦で完全に上回る会心の勝利だった。だが、2年ぶり2度目となった準決勝は明治大（関東対抗戦）に4―24で完敗した。「重戦車FW」と称された明治大に自慢のスクラムを押し返され、密集戦でも完全に後手を踏んだ。終了寸前まで無得点に抑えられ、攻め手をほぼ封じられた。「2年前は国立に来ただけで満足していたが、この時は勝つつもりで来ていた。それだけに完敗したことが悔しかった」と大西は振り返った。

この年の決勝は明治大と慶応大が12―12で引き分け、両校優勝を果たしている。Ａリーグ昇格から10数年で京産大は関西リーグの優勝争いに加わるようになり、関東勢から白星を挙げるまでに成長していた。明治大との準決勝も内容は完敗ではあったが、全国優勝するチームに挑戦できる位置にまで到達していたのだ。大差の敗戦を繰り返していた関西の新興チームは、実力校と呼ばれるだけの力を少しずつ蓄えていた。

学生と戦う［１９８６〜１９８９］

スクラムとモールという戦うための武器を手に入れた京産大。１９８３年、85年の全国大学選手権で準決勝進出を果たし、チームを見る周囲の視線も着実に変化していた。この頃になると、新聞記事に掲載される相手チームの談話には「学生で一番強いと思っていた京産大のスクラム…」などという表現も散見されるようになる。手探りながら苦労が少しずつ結果となって現れ始めると、大西は「伝統校に追いつくには猛練習と努力しかない」とより気合が入った。そんな妥協を許さない猛練習は時に、学生とのぶつかり合いを招くことになった。

１９７０年代、大西が最初に戦う相手は学生だった。Aリーグ昇格後もチームとして目的を持てない時期もあった。「同志社と互角に戦えるチームに」「イングランド遠征」「大学日本一」という三つの目標も、あまりに現実からかけ離れていて実感できない学生たちもいた。意識の甘さは練習態度にも出てしまう。そんな学生の意識を少しずつ変えていくことが大西の仕事だった。

前年に2度目の国立登場を果たした1986年、大西は人生で「最もつらい時期」を過ごしている。1年から起用し手塩にかけて育てた学生が中心選手に育ち、チャンスのシーズンだと期待していた。ところが、学生たちは自分たちで考えたメニューで練習させてほしいと言い始めた。意見に耳は傾けるけれども練習方針は学生と話し合って決めるものではない、というのが大西の指導者としての考え方だ。議論しても平行線のまま。「一緒に成長してきたつもりだったが…。情けなく思った」。もう好きにしろと、大西は突き放した。

時間が経って、学生たちが「もう一度、お願いします」と歩み寄ってきたが、時間は取り戻せず、チームは立て直せなかった。関西は5勝1敗1分けの2位。第23回全国大学選手権は早稲田大から1トライも奪えず2PGのみの6―34で敗れ、初戦敗退を喫した。

47年間に及んだ指導者生活。大西がつらいと感じたのは試合の勝ち負けではなく、学生たちと夢を共有できない時だった。胸に描いている思いが同じではない、と感じる時だ。日本一を目指しながら、監督の自分がひとり相撲を取っていたり。夢は努力して、追いかけ続けないと手には入らない。自分ひとりで追いかけるものではなく、学生と一緒に追いかけるべきものだ…。チームが勝っているときは厳しい練習も我慢できるが、負ければ不平不満が一気に噴き出す。京産大に限らず、多くのラグビーチームで見られる光景だ。大西も投げ出したくなる時はあったが、ずっと夢を追いかけてきた学生たちのことを思い出しては踏みとどまってきた。卒業後に理解し、夢を託してくる学生もいる。そんな彼らのためにも…。

このシーズンに限らず、学生とぶつかることは少なからずあった。一切の妥協をしないスタイルは恩師、天理大の藤井主計・元監督から学んだものだ。当時、厳しい練習から勝利への意欲を引き出していく手法に反発する選手もいた。1人、2人と退部しても藤井監督は信念を曲げず、ぬるま湯体質を一掃して見せた。大西は「藤井先生は部員が減っても平然としていた。勇気あるなと思っていた」。妥協せず貫き通す、それができなければ学生たちに勝てないことを間近で見ながら学んだ。

大西には自分の考えを曲げて、学生たちに迎合する気持ちはない。「妥協するくらいなら辞める。僕でなくていいのなら、監督をする必要はない」。学生とぶつかり合うことを恐れず、避けずに対峙してきた。うまく進むシーズンばかりではなく、チームがぎくしゃくしたこともあった。ただ、この大西の一徹さはチーム一丸となって格上に挑む際の大きなエネルギーになった。

1987年、チームの歴史を変える最大のチャンスが巡ってきた。当時の大西の心境は、1991年に刊行された京都産業大学世界問題研究所所報「世界の窓第7号」に詳しく記述されている。大西が投稿した「楽志」によると、「その前年、４年生の練習ボイコット等、おそらくこれまでの人生で最もつらい時期を過ごした私にとって何としても打倒・同志社を果たせねばならない意地があった」という。メンバーの実力は昨季の方が高いと思われたが、ＦＢ前田達也（島本）、ＣＴＢ泉野宣行（大工大高）、ロックの井川耕治（大工大高）と三木康司（亀岡）ら元気なルーキーたちに恵まれていた。決戦前夜、大西はメンバーに心から訴えた。

「おれを信じろ、自分たちのやってきたことを信じろ、チームを信じろ。いいか、お前たちを待っているのは勝利の栄光だけだ。どんな感激か想像もつかないけれど、おそらく一生涯で二度と体験できないもの凄いもんだと思う。それなら、このメンバーで、このチームでその感動を味わいたい」（「楽志」より）

関西でラグビーをする者にとって、同志社大という存在は特別だ。創部１９１１年という長い伝統を誇り、学生日本一に輝くこと通算４度。ボールを左右に散らして揺さぶる展開ラグビーの早稲田、敵陣へ豪快に縦突進していく重戦車ＦＷの明治と並んで抜群の人気を誇り、定型にとらわれない奔放なスタイルは「自由なラグビー」と称され多くのファンを魅了してきた。岡仁詩という名伯楽を輩出し、個性的な選手は社会人チームでも活躍、多くのＯＢが日本代表にも名を連ねている。実力と人気を兼ね備えた紺とグレーのジャージーは、関西屈指の伝統校として唯一無二の存在感を放っている。

大西が監督に就任した当初、「関西リーグ優勝」ではなく「同志社大と互角に戦えるチームになろう」という目標を立てたことも、同志社という存在の大きさを物語っている。創部1965年という歴史の浅い京産大にとって伝統校への挑戦は最大テーマであり、同志社大が最大のターゲットになった。新聞やテレビなどメディアを通じて大西は伝統校への尊敬の念を表しながらも「大きなものに挑戦することが我々のテーマ。打倒・同志社は自分たちの存在理由」と踏み込んで発言し、敵対心を隠さなかった。

名指しでの打倒宣言は同志社大関係者の闘志に油を注いだと思われるが、京産大の学内関係者の支持を集めるという予想外の効果にもつながった。関西指折りの私立大とされる同志社大に対し、受験や就職活動などでコンプレックスを抱える現役学生やOB、職員たちも数多くいた。彼らは、グラウンドで打倒・同志社大に挑むラグビー部に熱い声援を送るようになった。新聞で試合結果をチェックし、宝が池や西京極の試合へ足を運ぶようになったのだ。

1987年12月5日、応援バスが大学から花園ラグビー場に向けて出発した。当時はルールを知らない学生も多く、「プレースキックを蹴る時は黙って見守る」「ラインアウトで選手がサインをコールする時は静かにする」など車内では観戦マナーの説明も行われた。

前半は1PGずつの3—3。後半は京産大が先手を握り、12分にスクラムトライで7—

同志社大戦でボールを奪い合うSO沖（1987年12月５日・花園）

同志社大から初勝利を挙げ喜ぶ京産大フィフティーン

3とリードした。堅いバインドで押し込んだ「京産大のプライド」である背番号3の右プロップは、2年後の「宿沢ジャパン」の一員としてスコットランドから大金星を挙げる田倉政憲（3年、東宇治）だ。

ところが6分後、同大に同点トライを許し、ゴールも決まって7―9と逆転された。激しい攻防で一進一退の状況が続き、やはり同大勝利かと思われた終了間際の39分。FB前田のライン参加からWTB愛須康一（4年、和歌山工）が敵陣10メートルライン付近で反則のハイタックルを受け、逆転PGの絶好機

を得た。正面やや左、約40メートルの距離をSO沖壮二郎（4年、大工大高）が狙う。観客席は静まりかえったが、ゴールポストの間をボールが通過するのを見届けると大歓声に変わった。「もう見ていられない」と下を向いた大西は大歓声でPG成功を知ったという。スコアは10―9。初対戦の1974年から数えて実に14度目、13連敗からつかんだ初勝利だった。

主将の森迫政信（4年、大分舞鶴）は1年生とのレギュラー争いに敗れ、リザーブからも漏れていた。「楽志」によると、「やはり試合に出たかったですか？」というTVアナウンサーのインタビューに「僕が試合に出ないでチームが勝てるなら、こんなに嬉しいことはありません。苦労ですか？苦労はしていません」と答えたという。

森迫は高校時代に全国準優勝を経験、大学でも下級生時代からセンターとして試合に出場した中心選手だった。一選手としての葛藤を乗り越えての発言だろうが、同志社に勝つことだけを考えてチーム一丸となっていたことの証明でもあろう。個人の思いや悩みはさまざまだが、試合に勝って部員が手にするものは「チームの勝利」だけ。たった一つの勝利だが、それは全部員の勝利なのだ。号泣した大西は部員たちの手で胴上げされた。

関西大学リーグ

1987年12月5日・花園ラグビー場

京産大 前半	京産大 後半	10	3-3 / 7-6	9	同志社大 前半	同志社大 後半
0	1		T		0	1
0	0		G		0	1
1	1		PG		1	0
0	0		DG		0	0
3	7		スコア		3	6

	京産大		同志社大	
1	林 ④	FW	岡田 ②	1
2	笹木 ④	FW	弘津 ②	2
3	田倉 ③	FW	曽田 ④	3
4	井川 ①	FW	部谷 ③	4
5	三木 ①	FW	東口 ③	5
6	辻川 ④	FW	中尾 ③	6
7	司農 ④	FW	C村上 ④	7
8	杉本 ②	FW	宮本 ④	8
9	吉田克 ②	HB	漆崎 ④	9
10	沖 ④	HB	荒木 ③	10
11	愛須 ④	TB	山川 ④	11
12	泉野 ①	TB	小松 ④	12
13	武田 ③	TB	山田 ④	13
14	松瀬 ②	TB	佐野 ③	14
15	前田 ①	FB	細川 ③	15

○数字は学年

ハーフタイムで円陣を組む（1988年12月4日・花園）

このシーズンは6勝1敗で3校が並び、3校間の得失点差で大体大の優勝、同大の2位、京産大の3位となった。続く88、89年も関西3位となり関西第3代表として全国大学選手権へ進んだものの、3年連続で初戦敗退を喫している。88年の第25回全国大学選手権では「大会直前の6日間、天理市での合宿では外出禁止で午前、午後とも大東大対策を練りに練った」という京都新聞記事も散見できるように、結果には恵まれなかったが大西と選手たちが全力で目標に立ち向かっていたことが分かる。

関西リーグでは安定して3位以内をキープできるようになり、全国大学選手権への連続出場も5回にまで伸ばした。挑戦と試練の時期を終えて、いよいよ躍進のシーズンが迫っていた。

快進撃［1990］

大西が40歳となった1990年。京産大はブレイクスルーを果たし関西大学リーグを初制覇、全国大学選手権で明治大と好勝負を繰り広げるなど、名実ともに全国強豪と呼ばれる集団に割って入ることに成功した。このシーズンから快進撃は始まり、90年から99年の10年間のチーム成績は大西が指導した47年間でも群を抜いている。

関西リーグの優勝4度は全てこの10年間に達成され、2位が5度、3位が1度。60勝8敗1分け、8割8分2厘という高い勝率を残している。同志社大、大阪体育大とともに「関西3強」を構成し、全国大学選手権4強入りも通算7度のうち4度を占めた。TV映像を見返すと、それまで青年指導者の面影だった大西の表情にも陰影が加わるようになっている。高い声質、丁寧な口調は現在と変わらないが、試合中に笑顔を浮かべることはほとんど見られない。また、この頃の選手の表情からは鬼気迫る一途さが感じられ、独特の緊張感に満ちている。日本一という目標に近づけば近づくほど、チームには張り詰めた空気が漂っていたことが想像できる。

１９８０年代にスクラム、モールなど徹底したＦＷ強化が進み、全国大学選手権にも出場。87年には「関西の雄」である同志社大から初勝利を挙げ、チームとしての存在感は高まりつつあった。この頃はまだ少子化と無縁の時代で高校生の競技人口も多く、伝統校が好選手を勧誘した後でも運動能力の高い選手はたくさん残っていた。また、京都産業大の入学志願者数も着実に増加、伸び盛りにある大学のイメージも追い風になった。

大西は大工大高（大阪・現常翔学園）、大分舞鶴、報徳学園（兵庫）、伏見工（京都・現京都工学院）など近畿、四国、九州などの強豪校を回って、熱心に選手を誘った。全国高校大会が開催される「花園」で上位進出したチームだけでなく、無名校の選手発掘にも力を入れた。目を付けたのは運動能力の高さと、持って生まれた体の大きさ。それが備わっていれば「ラグビーは経験のスポーツ。大学でしっかり鍛えて、経験を積ませれば大きく成長する」と選手育成のノウハウには自信を持っていた。

チームスタイルの土台である強力ＦＷは整いつつあり、そこに強豪校の高校日本代表選手や、高校時代はレギュラー争いに敗れたものの「大学で見返したい」という反骨精神を抱いた選手が集まるようになった。「努力することで強くなる。そして大きな相手を倒す」ことを信念とする大西は彼らと多くの時間をともに過ごし、全ての情熱を注いだ。妥協のない、日本一とも評された豊富な練習量が独特の雰囲気を作り上げていた。そんな努力に裏打ちされた京産大の充実期が幕を開けようとしていた。

ケンブリッジ大とラインアウトを競う（1990年３月11日）

そして、１９９０年3月。大西が就任当時に学生と考えた夢が一つ実現している。英国遠征を行いケンブリッジ大と対戦、ラグビーの母国で伝統校と熱戦を繰り広げた。ケンブリッジ大は歓迎の前夜祭を催し、学長がマント姿の正装で登場。「明日の試合を楽しみにしている」とスピーチするなど伝統の重みと気品を体感する遠征となった。

このツアー実現には多くの苦労がともなっている。遠征費は自分たちで工面する「手作りの遠征」をモットーに掲げ、主将の杉本浩二（4年、伏見工）を先頭に学生たちは記念のTシャツやネクタイを販売。努力を続けていたところに心強い援軍が現れた。遠征費の捻出に苦しんでいる実情を知った京都産業大学同窓会が20周年記念事業として支援してくれることになり、大口の寄付を申し出てくれた。ケンブリッジ大との折衝は難航を極めたが大西が人脈を駆使して承諾を取り付け、前年夏に現地へ使者を送って正式に試合日時を決める念の入れようだった。こうして2月28日、成田から一行35人がロンドンへと旅立った。

試合前、大西は応援に駆けつけた神戸製鋼の林敏之に激励を頼んだ。元日本代表ロックで「壊し屋」の異名を持つ林はオックスフォード大に留学、ケンブリッジ大との定期戦「バーシティーマッチ」に出場し「ブルー」の称号を持つ。「ケンブリッジと学生単独チームで戦うのは君たちが初めてだぞ。名誉だぞ、選手冥利に尽きるぞ。いいかボールは一つだ。体を張ってボールを取るんだ。絶対に勝つんだ」。その言葉通り、選手は堂々たるプレーを異国で披露した。

激しい攻防が続く熱戦となった。最終スコアは24―25で惜しくも勝利を逃したが、試合後は相手選手たちと固く握手を交わし、健闘をたたえ合った。観衆も立ち上がって拍手を送り、祝福してくれた。そして、この英国遠征が快進撃への導火線に火を付けることになったのである。

1990年はチームで歴代指折りとも言える好メンバーが揃っている。同志社大から初白星を挙げた一戦を1年ながらスタメン入りしたロック井川耕治（大工大高）、ナンバー

8三木康司（亀岡）、泉野宣行（大工大高）、前田達也（島本）の4人が最終学年を迎えていた。

どのチームとも互角に渡り合えるように鍛え上げた強力FWだけでなく、バックスにも好選手が並ぶようになった。高校日本代表も経験した主将の泉野は、2年時はスタンドオフでバックスを動かした。4年になって、後に日本代表に選出される前田がフルバックからスタンドオフにコンバートされたのを機に泉野は再びセンターへ。2人の「司令塔」がバックスにいるラインは、2年からずっと定位置を確保し豊富な経験を積んできたSH吉田克也（4年、伏見工）と組んで臨機応変の攻めを見せていくことになる。

泉野の隣でアウトサイド・センターを務めたのが、前年度の全国高校大会で準優勝した啓光学園で主将を務め、高校日本代表も経験したルーキーの吉田明である。花園で活躍した身長179センチと期待の大型選手だった。バックスリーも本郷秀具（3年、石山）、山口敏郎（3年、鶴来）、FB木村達也（4年、布施工）と快足揃いだった。

1990年の関西リーグは、大阪経済大との初戦を9―6で切り抜けると、天理大、近畿大、龍谷大を下して4連勝。11月11日の西京極陸上競技場で同志社大との全勝対決に臨んだ。

開始2分、SO前田がハーフウェーラインから50メートルのロングPGを決めて先制すると、11分にはスクラムから右展開しCTB吉田明が約40メートルを走りきってトライ。

最も印象深いのは前半終了間際のワンプレーだ。京産大陣での同大スクラムからバックス防御で切り返した。WTB本郷が間合いを詰めてタックルすると、続いて吉田明もタックルを決めてボールを奪取。すぐさまSH吉田克也が右展開し、上がってきたFB木村がパスを受け、さらに木村の右側に走り込んできた本郷へとボールが渡り独走トライとなった。連続タックルからターンオーバーし、一連の動きでトライを取り切るバックスの切れ味の鋭さを見せつけた。

前半を23—14で折り返し、後半は同大に2トライで追い上げられたが26—22で逃げ切った。試合後のTVインタビューで、大西は「自分たちが追い上げる形であれば勢いに乗れたと思うが、私たちがリードして逃げたいという気持ちが出たのだと思う。これが同志社の底力。胃が痛かった」と話している。肉薄されつつも主導権は渡さず、同志社大から2度目の勝利を挙げた。

この試合では、語り継がれるエピソードも生まれている。前半5分、同志社大のトライ後のゴールキックの場面だ。ほぼ中央の位置で成功確実と思われたが、キック動作と同時に全速力で飛び出したのがルーキー吉田明。なんと顔でチャージして追加点を防いだ。ファンやチーム関係者の間では、闘志をむき出しにした献身の「顔面チャージ」として記憶されている。

後半7分、FB木村がタックルをかわして左隅へトライ、10―6と勝ち越す
(1990年11月23日・長居陸上競技場)

それから約2週間後、11月23日の大阪・長居陸上競技場。前年に3度目の優勝を果たし初の連覇を狙う大阪体育大と優勝をかけての大一番で顔を合わせた。

前半は風上に立ったものの、反対にPG2本を決められ0―6で折り返し。走り勝つ意識を確認して臨んだ後半の3分、好機が訪れた。敵陣左奥に蹴り込んだキック処理に大体大が手間取ると、隙を逃さずCTB吉田明がタックル。SH吉田克也も走り込んでボールを展開、最後は三木がトライ。ゴールも決まって6―6の同点に追いついた。さらに4分後。敵陣深くでモールを押し込み、走り込んで

関西大学リーグ

1990年11月23日・長居陸上競技場

京 産 大		25	0 - 6 25 - 6	12	大阪体育大	
前半	後半				前半	後半
0	4		T		0	1
0	3		G		0	1
0	1		PG		2	0
0	0		DG		0	0
0	25		スコア		6	6

1	川　村 ④	FW	木　村 ④	1
2	小　野 ①	FW	Ｃ上　田 ④	2
3	橋　本 ①	FW	杉　山 ④	3
4	井　川 ④	FW	加　田 ③	4
5	竹　下 ③	FW	金　城 ③	5
6	南 ②	FW	若　山 ③	6
7	野　瀬 ②	FW	丹　羽 ④	7
8	三　木 ④	FW	上　野 ③	8
9	吉田克 ④	HB	南　泉 ③	9
10	前　田 ④	HB	吉岡哲 ②	10
11	山　口 ③	TB	山　中 ④	11
12	Ｃ泉　野 ④	TB	吉岡敏 ③	12
13	吉田明 ①	TB	吉　田 ③	13
14	本　郷 ③	TB	浦　崎 ④	14
15	木　村 ④	FB	伊　藤 ④	15

○数字は学年

関西リーグ初優勝を決め喜ぶ京産大の選手たち

きたFB木村が左隅へ勝ち越しトライを決めた。その後もFWがラインアウトで相手ボールを奪ってトライするなど、15人が前に出る意識が実った形で攻撃を続け、後半は一気に4トライ。25―12の鮮やかな逆転勝ちで初優勝を飾った。

1965年の大学開学と同時に創部されて26年目、1974年のAリーグ昇格から17年目。大西が監督就任直後、学生たちと話し合って決めた三つの目標には「同志社に勝つ」は挙げられても「関西優勝」という言葉はなかった。歴史の浅い新興チームを率いた大西には打倒・同志社、打倒・関東勢という意識が先行し、関西リーグ制覇よりも自分たちの実力を全国にアピールでき

る大学選手権を重視していた姿勢が想像できる。

それでも後年、過去の印象深い試合には必ずこの一戦も漏れることなく挙げ、「優勝があれほどうれしいものとは思わなかった」と述懐している。リーグ最終戦で大阪商業大を下し、全勝優勝を決めた。チームは初のタイトルを手に入れ、自他ともに認める強豪として第27回全国大学選手権に臨んだ。

大阪・花園で行われた12月23日の1回戦は大東文化大（関東リーグ戦）と顔を合わせた。激しく優劣が入れ替わるシーソーゲームとなり、前半は15―13。後半11分、WTB山口のトライで逆転し、最後は31―20で快勝。敗れた

総立ちになって喜ぶ京産大の応援団

2年前の雪辱を果たし、3度目となる準決勝にコマを進めた。

年が明けて1991年元日。京都での練習は大晦日の午前中で切り上げ、その日のうちに新幹線で東京へ移動。国立競技場近くにある新宿のホテルに宿泊し、やや雪が残っていたため1日の午前中はバスから競技場を見学した。決戦を翌日に控え、いても立ってもいられない選手たちは「先生、ひとっ走り行ってきますわ」と言い残し、近くへランニングに出かけた。すると数分後。ナンバー8の三木が「滑って転んじゃいました」と苦笑いでホテルに戻ってきた。軽く足首をひねったようだが、さほど深刻な空気にはならなかった。だが、こんな小さな一コマも勝敗を左右する結果になった。2日朝、必ず勝利するつもりでいたチームはホテルに荷物を残したまま国立競技場に向かった。

　このシーズンの明治大主将は元日本代表の吉田義人（4年、秋田工）。センターには注目のルーキー、元木由記雄（1年、大工大高）がいた。この2人は1991年秋の第2回ワールドカップの日本代表にメンバー入りする。そして、明治大はちょうど1カ月前の国立競技場で行われた関東対抗戦で早稲田大と対戦し、24―24で引き分け15年ぶりの両校優勝となっていた。ラストワンプレー、リードされた早大がキックオフから「飛ばしヨコ」というサインプレーでFB今泉清（4年、大分舞鶴）が80メートルを走りきってトライ。ゴールも決まって同点に追いつき、明大にとっては悪夢のような一戦だった。大学選手権の決勝で早大と再戦し、借りを返したいという意欲は高かったはずだ。

　試合開始から京産大FWは接点勝負に全力を注ぎ、押しに押した。前半7分、明大陣でのスクラムから「8―9（ハチキュウ）」と見せかけて、相手防御が広がったスペースにフランカー南貴浩（2年、報徳学園）が走り込み先制トライ。26分には、巨漢選手が揃い「重戦車」と呼ばれる明大FWを一方的に押し込んでスクラムトライを奪って見せた。6万人を集めた国立競技場は騒然となり、圧倒されるスクラムを明大のWTB吉田主将も呆然と見守るだけだった。

　前半を終えて15―3。試合を左右するFW勝負で圧倒して優位に立ち、バックスもしっかり対応できている。後半も着実に先手を握って攻め続ければ勝利に近づくはずだ。ハーフタイムの大西の指示は「相手ボールのスクラムも8人で押せ。バックスを前に出すことを考えろ。とにかく攻め続けろ」というもの。11月の同志社大戦も教訓になっていたはずだ。このまま逃げようとして守勢に入らず、攻撃を継続することで試合の流れをキープしようと考えた。だが、この言葉とは正反対の結果になってしまう。

明大は試合運びを一転、SH永友洋司（2年、都城）を起点に次々に球を散らす作戦に出た。FW勝負に固執せず、常にボールを動かしながら攻め続け、京産大防御に綻びが出たところを狙って走り込んだ。13分にスクラムから永友が飛び込んでトライすると、数分後にはWTB丹羽政彦（4年、羽幌）が50メートルほどを走ってトライ、ゴールで15—15の同点に追いつかれた。攻撃の起点になるキーマンのSH永友を「いかに走らせないか」は京産大の重要テーマだった。前半はナンバー8の三木が丹念にマークしていたが、後半に入って痛み止めの注射も効かなくなっていた。前日にひねった足首が痛み始め、走力は落ちた。

同点になった場面で明大は完全に落ち着きを取り戻し、試合の流れも完全につかんでいた。その後は吉田主将が自ら勝ち越しトライを決めるなど、後半だけで5トライ。前半はあれだけFWが奮闘し、さらに攻め続けようとした京産大は後半まさかの無得点に終わり、最終スコアは15—29だった。

同志社から2度目の勝利、関西リーグ全勝優勝と快進撃を続けてきたシーズン。期待を大きく膨らませて挑んだ全国大学選手権だったが、3度目の国立も無念さを胸に抱えて京都に帰った。泉野主将が率いた1990年と大畑大介主将の1997年は、京産大が現実的に大学王座に最も肉薄したシーズンだと言えるだろう。それだけに、ビッグチャンスを寸前で逃した悔しさもより大きく感じられる結果となってしまった。

風雨と勝利と涙　［1991～1993］

関西大学リーグで初優勝を飾った翌1991年の春、高校日本代表が3人揃って入学してきた。プロップ三邑明（大工大高）、ロック中嶋信彦（八幡工）、ナンバー8小野努（大工大高）。高校日本代表の入学はその後も1学年2人が最多で、3人同時入学はこのシーズンだけだ。期待を集めたルーキー・トリオだったが、秋の公式戦で注目を集めたのは無名の1年生SO吉田稲生（亀岡）だった。

身長179センチ80キロのサイズながら、見た目は細身。だが、左足で蹴るプレースキックは驚くほどの飛距離を見せた。全国高校大会の京都府予選を見に行った大西が、自陣10メートルからPGを狙う吉田を見て、その場で勧誘したという。それまでの京産大の選手とは少し違った雰囲気を漂わせる選手で、さわやかな顔つきでファンの注目も集めていた。PGを決めると「イナオ・コール」まで沸き起こった。

連覇を狙うこのシーズンも強力FWは健在。敵陣で反則を得れば、練習で熱心に蹴り込んで精度を上げたSO吉田が着実にPGで3点を積み上げていくスタイルがすっかり定着していた。関西リーグでは着実に白星を並べたが、11月23日の大阪体育大戦は痛恨のドローとなってしまった。優勢に試合を運びながら、終了直前にトライ（ゴール）を決められ18―18で引き分けた。最終戦の同志社大に26―9で快勝して6勝1分けで大体大と並んだものの、リーグ規定の総得失点差で上回った大体大が2年ぶり4度目の優勝となり、京産大は2位となった。

リーグ連覇こそ逃したものの第28回全国大学選手権への意欲が衰えることはない。12月22日、リニューアルオープンしたばかりの花園ラグビー場を舞台に、1回戦で関東学院大（関東リーグ戦）と初めてぶつかった。

この日は序盤から波に乗れなかった。SO吉田は大舞台の緊張からか、足の長い芝生のためか、自慢のキックが不調。4分、8分と連続してPGを決められず、いつものリズムに乗れなかった。後半15分、ゴール前の相手反則からFWがなだれ込み、ロック中嶋がトライ。ゴールも決まり一時は7―6とリードを奪ったが、ここから3連続トライを許した。最後まで京産大らしい試合展開に持ち込めないまま、7―22で初戦敗退が決まった。

大西と同学年の監督、春口廣が率いた関東学院大は、この試合が全国大学選手権の記念すべき初勝利。右ウイングにはこの年のW杯に出場し、長く日本代表で活躍する松田努（3年、草加）がいた。初めて進んだ準決勝は明治大に4―25で完敗したが、それから6年後の準決勝で京産大と再戦し、決勝で明大を破って悲願の日本一に輝くことになる。全国優勝を通算6度まで伸ばし、部員の不祥事で失速するまで大学ラグビーの主役を担った。

翌1992年は、将来の日本ラグビーをけん引する名選手が京産大に加わった。高校日本代表SOの広瀬佳司（島本）。広瀬は秋のリーグ開幕となった大阪経済大戦からレギュラーで出場した。SH高野一成（2年、大工大高）との若いハーフ団でうまく試合を運び、チームは順調にレベルアップを続けた。

日本代表キャップ40の広瀬はテストマッチで1試合9PGという世界タイ記録を誇り、「スーパーブーツ」として422点を稼ぎ出した。だが、最初から抜群のキック精度を誇っていたわけではない。島本高ではランとパスは得意だったというもののキックは苦手で、自ら「キックができないSOだった」と振り返る。高校日本代表の遠征で最終戦に出場した際もプレー内容は振るわなかった。自信をなくし落ち込んでいた試合後、声を掛けてくれたのが高校日本代表コーチだった岩出雅之（現帝京大監督）。誰もいないグラウンドに連れ出され「もう一度、蹴ってみろ」。笛まで吹いて付き合い、「大学でも頑張れよ」と温かく励ましてくれた。

京産大で蹴り込んだのは、全体練習が終わってからのポジション練習の時間だ。タッチ

チームを率いて20年、40代の大西（1993年11月28日・花園）

から15メートル入った付近から蹴り始め、入れば横に10センチほど移動していく。一往復するのにざっと１００本蹴り、１～２時間を要した。ボールを置くのにキックティでなく盛り土を使ったのは、芝生に長短があっても調整して地面からの高さを一定にできるため。そして風でボールが倒れ、ゴール成功率が落ちるのを防ぐためでもあった。コツコツと地道な練習を繰り返し、スーパーブーツへの道を歩み始めた。

このシーズンは同大に16―34で敗れ、関西リーグ（大阪商業大が出場辞退し7校で実施）は5勝1敗の2位。第29回全国大学選手権は1回戦で早稲田大（関東対抗戦）に12―25で力負けした。過去の早大戦では最少の得点差だったが、連敗は5まで伸びた。2年続けて初戦で姿を消す悔しい結末となったが、世間を驚かす大金星が目前に迫っていた。

周囲が予想した通り、吉田明が主将を務めることになった1993年は開幕前から前評判が高かった。三邑、中嶋、小野という高校日本代表トリオが3年生になって中心選手となり、さらにナンバー8大河内俊哉（洛北）、FB江口剛（東福岡）とセンターラインを担う頼もしいルーキーが加わった。

関西リーグは問題なく序盤から勝ち続け、12月4日、西京極陸上競技場での最終戦で同志社大との全勝対決に挑んだ。当時の同大は反則を得てもPGを狙わず、起点となるSH鬼東竜太（3年、東福岡）からパスを次々に回してトライを狙う積極スタイルを徹底。シンプルに攻め続けることで選手の意思統一をはかり、FW第3列の新井泰英（4年、天理）、中道紀和（4年、啓光学園）ら、持ち味である個々の能力を最大限に生かす超攻撃戦法は他校の脅威となっていた。

ここまで6試合で許したトライは三つだけと堅守を誇っていた京産大だったが、前半で2トライを許し、後半28分のSH高野（3年、大工大高）のトライが初得点。14―19で同大に競り負け、関西2位で全国大学選手権に挑むことになった。

全国大学選手権は30回を迎えたこの大会から参加校が倍増、16チームのトーナメント制に移行した。12月18日の１回戦は中央大(関東リーグ戦)と大分市営陸上競技場でぶつかったが、この試合は強風に苦しみ前半は０―22と土俵際まで追い込まれている。後半はバックスが走り回り、８トライを重ねて57―22で逆転勝ちした。

12月26日の準々決勝は２年連続で早稲田大(関東対抗戦２位)と対戦した。場所は福岡・平和台陸上競技場。キックオフから会場には大粒の雨が降り続け、コーナーフラッグが真横に傾くほどの強風にあおられた。互いにセカンドジャージーを着用し、京産大は赤、早大は白。ここまで５連敗と苦渋を味わわされてきた早大戦への大西の意気込みは並々ならないものがあった。ナンバー８の平井清之（４年、八幡工）は「ロッカールームで先生が『この試合に勝ったらおれは死んでもいい』とげきを飛ばした。あれで一気に気持ちが上がった」と思い返す。その気迫が実ったのか、嵐の平和台で先制したのは前半風下に立った京産大だった。

５分、スクラムから右展開してラックを連取、ＷＴＢ大谷康博（４年、和歌山・田辺）が先制トライを決めた。とはいえ試合の主導権を引き寄せるには至らず、強い雨風のためにハンドリングが乱れ、攻撃が長く続かない。視界も悪く、ハイパントからＦＷがなだれ込むアップ・アンド・アンダーを繰り返すシンプルな攻撃に終始した。早大は冷静なキックで陣地を稼ぎ、着実にスコアを伸ばしていく。１トライ、１ゴール、３ＰＧを許し、前

22メートル付近のラックから右展開、WTB大谷が右中間に先制のトライ
（1993年12月26日・平和台陸上競技場）

半は5―16で折り返した。京産大は11点リードを許したものの、1トライに抑え失点を食い止めたことが後半への希望だった。

後半は風上に回ったものの、最初の攻撃で攻め込まれトライを許し5―21。これ以上の失点を許してしまえば、手が届かない安全圏へと早大に逃げ込まれてしまう。1回戦の中央大戦に続き、またしても瀬戸際に追い込まれた。逆転勝利へ、わずかな道を開いたのはSO広瀬の右足だった。

早大陣地に入ってFWが奮闘し、反則を得ると主将のCTB吉田は迷わずPG選択を意味するゴールポストを指さし続けた。最初は30メール中央、次は25メートル中央から成功。強い追い風のため広瀬は距離を気にせず、コントロールだけに集中すれば良い状況だった。その後は1度失敗したが、さらに2PGを成功させた。16点差からコツコツと4PGで得点差を詰めていき、ついに17―21。遠のいていた早大の背中が見えてきた。

後半29分。早大陣でのラインアウト。早大は連続攻撃を仕掛け、ボールを持ち出しハーフウェーラインまで攻め上がってきた。ここが勝負どころと見極めた京産大FWが複数でタックルを浴びせ、渾身のターンオーバー。すぐさま右へパスすると、右タッチライン際にいたWTB大谷が右奥深くへ真っすぐボールを蹴り込んだ。大谷の左側、2メートルほど後方の位置からチェイスに走り始めた選手がいた。FB江口だ。22メートルライン付近で捕球しようとしたが、ボールは不規則に転がり、触ることもできない。だが結果的に、左足で前に小さく蹴り出す形になった。絶妙のドリブルとなり、ボールはインゴール右すみへと転がる。決して偶然ではなく、瞬時の判断と動作は江口のトップアスリートとしての本能のプレーだと表現するべきだろう。はねるボールを江口は飛び込んで抑えた。22―21。値千金の逆転トライとなった。

黄色のラベルで「早大戦」と書かれた1枚のDVDが手元にある。対戦カードと場所に加え、「中野　撮影」と印字されている。控え部員だった中野努（4年、岸和田）がビデオカメラで撮影したものだ。

試合途中までは冷静に無言で撮影していたが、後半残り10分から中野が無意識に仲間へ声援を送る声が録音されている。「FW、走れ。走ってくれ」「みんな練習してきたやんか。いける。いけるって」「よし、よし、よし。いいぞ」。傘を差した観客が興奮して立ち上がりビデオの前をさえぎると、「すいません、すいません」と頭を下げて座るように頼んで撮影を続けた。

後年、大西は物足りなさを感じるシーズンの途中で、このDVDを選手に見せることが何度かあった。記念すべき早大戦初勝利に挑む先輩たちの映像だが、本当に伝えたかったのはプレーではない。泥だらけになって必死に体を張る仲間を、一緒に戦っているように鼓舞し続ける中野の声を聞かせるためだった。「お前たち、仲間にここまで真剣に応援されるような存在になっているか？」という大西の無言の問いかけだった。

京産大が22—21とリードしてからの残り10分は、怒濤のような早大の猛反撃が待っていた。リードはしても得点差はわずか1点。だが京産大の足は最後まで止まらず、闘志も衰えなかった。最後は京産大陣ゴール寸前まで攻め込んだ早大のノックオンで試合は終わる。中野の「やったー」という大声はもちろん、京産大を応援する人たちの絶叫、歓喜する声が聞こえてくる。

グラウンドで選手が両手を突き上げて喜ぶ映像が流れると、観客席の歓声は号泣やすす

第30回全国大学選手権・準々決勝

1993年12月26日・平和台陸上競技場

京産大 前半	京産大 後半	京産大 22 / 5－16 17－5 / 21 早稲田大	早稲田大 前半	早稲田大 後半
1	1	T	1	1
0	0	G	1	0
0	4	PG	3	0
0	0	DG	0	0
5	17	スコア	16	5

	京産大		早稲田大	
1	三　邑 ③	FW	入　江 ②	1
2	小野英 ④	FW	C　藤　④	2
3	橋　本 ④	FW	佐　藤 ④	3
4	中　嶋 ③	FW	竹　内 ③	4
5	奥　山 ③	FW	田　中 ③	5
6	池　内 ③	FW	鶴　丸 ④	6
7	小野努 ③	FW	山　羽 ③	7
8	平　井 ④	FW	小　泉 ②	8
9	高　野 ③	HB	足　立 ③	9
10	広　瀬 ②	HB	隈　部 ③	10
11	中　川 ④	TB	増　保 ④	11
12	若　菜 ④	TB	勝　田 ④	12
13	C 吉田明 ④	TB	渡　辺 ③	13
14	大　谷 ④	TB	内　田 ④	14
15	江　口 ①	FB	鈴　木 ②	15

○数字は学年

り泣きへと変わっていく。早大に勝利するまでの道のりの長さを思い返せば、立場はさまざまであっても涙なしには観戦できなかったのだろう。6度目の挑戦で初めて早大を振り切り、大西は「3年目の正直が2度ですから」とユーモアを交えた独特の表現で喜びを表した。風雨と雷という嵐のような状況での大逆転勝利は、京産大の歴史を変えた一戦として語り継がれている。

年が改まって1994年の1月2日。1週間前の平和台とは反対に、国立競技場はよく晴れた冬空が広がっていた。初対戦となる法政大（関東リーグ戦）は、25年ぶりに全国優勝を果たした前年に続き、苑田右二（2年、啓光学園）、中瀬真広（2年、法政二）という評価の高いハーフ団がゲームメークをしていた。

京産大は広瀬のPGで小刻みに3点を加点し前半は6―3とリードして折り返した。だが後半6分、法大のナンバー8伊藤剛臣（4年、法政二）に逆転トライを許した。自陣でラックのこぼれ球を拾って、大きなストライドで駆けていく伊藤をFB江口、SO広瀬、CTB吉田が背後から立て続けに必死のタックルを見せたが、倒すことはできなかった。このプレーで一気に法大は勢いづき、京産大は計4トライを奪われ19―28で力尽きた。3年ぶり4度目の準決勝だったが、90年度の明治戦に続いて、決勝を目前に再び悔しい逆転負けを喫して国立競技場を去ることになった。

国立の壁【1994～1999】

1994年のシーズンは、1年生から活躍してきた高校日本代表トリオが最上級生になり、その一人である小野努（4年、大工大高）が主将となった。全国4強入りした前年のスタメンから、トップリーグの神戸製鋼に入社した吉田明ら6人が卒業して抜け、代わりに若いメンバーが台頭してきた。90年代後半にかけてチームを背負っていく期待の1年生たちも入部してきた。

10月1日、大阪経済大との開幕戦に挑んだバックス7人のうち4年生はSH高野一成（大工大高）、3年はSO広瀬佳司（島本）だけ。⑪井元大介（2年、柏原）⑫山岡宏哉（1年、天理）⑬大畑大介（1年、東海大仰星）⑭岡田吉之（1年、啓光学園）⑮江口剛（2年、東福岡）。若い顔ぶれがズラリと並び、チームが大きく変わっていくことを予感させた。長髪をなびかせて突破していくフランカー小野を筆頭に、厳しい練習で鍛え抜かれた上級生FWとフレッシュな下級生たちが並ぶバックスがどう成熟していくのか。不安と期待の両面を抱えてのスタートとなった。

後半5分、フランカー小野が突進、ゴール前に攻め込む
（1994年12月3日・宝が池球技場）

そんな心配をよそにチームは着実に勝利を重ね、下級生バックスたちも実戦で経験を重ねていった。だが、試合内容の振れ幅も大きく、11月20日の宝が池球技場で龍谷大に23―24と思わぬ黒星。12月3日、6戦全勝の同志社大と優勝をかけて対戦した。

開始2分にSO広瀬がPGを決めて先制すると、立て続けに4PGを決め12―0。同大が反則をする度に着実に3点を重ね重圧をかけた。37分にはラックから、187センチ100キロのロック奥山暢宏（4年、瀬田工）が強引に持ち込んでトライ（ゴール）。前半を19―0で折り返した。当時のT

Ｖ映像を見返すと、ハーフタイムの大西は珍しく笑みをこぼし、柔和な表情で指示を出している。ところが、ここから同大が伝統校の意地を見せた。

後半は個々の突破力で優位に立つ同大ＦＷが次々にゲイン、生きたボールが素早くバックスに回り始め、本来のリズムを取り戻した。京産大はバックス防御の甘さを突かれて失点が止まらず、15分までに３連続トライ（ゴール）を奪われ19―21と逆転された。大ピンチを救ったのは日本代表として10月にアジア大会優勝も経験したＳＯ広瀬だ。24分にＰＧを決めて22―21と再びリードを奪うと、27分には相手キックをカウンターアタックで切り返して敵陣に攻め込み、ＷＴＢ岡田が右すみにトライを決めた。29―26で勝利し、同大と６勝１敗で並んだものの直接対決を制した京産大の４年ぶり２度目の優勝が決まった。宝が池球技場は立ち見が出るほどの超満員となり、グラウンド脇に観客を収容しての一戦となった。

第31回全国大学選手権の１回戦は日本大（関東第５代表）と花園で対戦した。小野、大河内ら主力を欠いたＦＷがラインアウトの捕球で苦労したものの、山岡、大畑ら１年生バックスが踏ん張り、32―10で快勝。準々決勝は12月25日、昨年に続いて法政大（関東リーグ戦２位）と花園でぶつかった。ナンバー８大河内がチャージから自らドリブルして先制トライを挙げたが、さらに存在感を見せたのが二つ目のトライを決めた１年生のＣＴＢ大畑だ。相手陣22メートル内で右展開されたパスを受けると、鋭いステップでカットイン、逆方向へ切れ込んでトライ。相手選手を次々にかわしていく、ずば抜けたランニングスピードを披露した。後半も着実に加点して法大に37―17で快勝し、2年連続の4強入りを決めた。

大畑は卒業後、神戸製鋼やフランスのモンフェランなどでプレーした。日本代表としてW杯に2度出場し、キャップは58。世界最多のテストマッチ69トライを誇り、2016年には日本人2人目の世界殿堂入りを果たした。世界に誇るトライゲッターが京産大の門をたたいた1994年春には、同じ東海大仰星高からプロップ木下剛も入学している。2人はともに高校日本代表を経験。185センチ、105キロという恵まれた体格で強烈な押し込みを見せる木下がスタメンに定着するのは2年生のシーズン途中からだ。卒業まで「京産大のプライド」である右プロップとしてスクラムを支え続け、トップリーグのNECでプレーした。木下も日本代表に選出されキャップは2。

1995年1月2日の準決勝、5度目の登場となる国立競技場での相手は明治大（関東対抗戦1位）だった。FWの力強さとバックスの思い切りの良さがかみ合ったチームの潜在能力の高さに、大西も大きな手応えを感じていたのだろう。当時86歳だった京都産業大学長の柏祐賢を初めて観戦に招いている。

初代学長である荒木俊馬の後を継いで1978年に学長となった柏は、まだ多くの大学が取り組んでいなかったスポーツ強化の路線を明確に打ち出し、教員として大学に招いた各部の指導者を支えた。ラグビーをはじめ陸上、バスケットボール、柔道など全国強豪クラブが次々に育ち、各クラブがライバルのように切磋琢磨することでさらに成長を繰り返す好循環だった。高校時代は無名の選手を大学で鍛え上げる手法は各クラブ共通で、その底流には指導者の並外れた情熱があった。

すべては学生優先で休日返上は当たり前、自宅に寮を建て、合宿には身銭を注ぎ込む。古き伝統が尊ばれる京都で、新興勢力として新たな歴史を刻もうと学生の先頭に立つ指導者たちを、学長の柏は温かくサポートした。もちろん大西も物心さまざまな支援を受けている。その恩返しになればと、ＮＨＫで全国放映される正月の晴れ舞台に学長を招待し、明大を倒して悲願の決勝進出を果たす瞬間を一緒に見届けたいと考えたのだ。

ところが、意気込んで臨んだ試合は思うように進まなかった。前半は2トライを許し0―14。後半も攻守に後手を踏み続け、0―21まで点差を広げられた。初めて得点できたのは17分のＷＴＢ井元のトライ。32分には大畑も意地のトライを決めたが、序盤からの一方的な失点が重くのしかかり、15―33で涙をのんだ。80分を通じて1度も勝機を見いだせない完敗だった。

試合後、大西は観客席で顔を覆ってひとり泣いた。負けた試合こそ潔く敗因を語ってき

後半32分、速攻を仕掛けた大畑がトライ
15―28と追い上げる（1995年1月2日・国立競技場）

たが、この日ばかりは報道陣に「(明大とどこが違うのか)ちょっと分からないですね。期間を置いて考えます」と答えている。前シーズに続いての4強止まり。厳しい練習で好チームに育て上げても、準決勝の壁を突破できない。最後に伸びきれず、決勝への道が遠い。5度目の「国立挑戦」もはねかえされ、落胆して京都に戻った。

93、94年と2シーズン続けて国立競技場で涙をのみ、新たな船出となった1995年。主将となった広瀬は5、6月に南アフリカで開催された第3回W杯に出場した。大学生ながらスタンドオフに抜てきされての代表入りだったが、晴れの舞台で大きな苦悩を背負うことになる。予選プール3試合目のニュージーランド戦に出場、17―145という大敗を味わった。この一戦は多くのラグビー関係者に忘れられない記憶を刻み込んでいる。その重荷を大学4年生で広瀬は背負ったのだ。

今まで培ってきた自信を失い、帰国の飛行機では「これからどうすればいいのか」とゆううつな時間を過ごした。すっかり意気消沈している広瀬を呼び出し、大西はあえて「日本代表なんてちっぽけなもの」と大胆に説いた。ラグビーをする意味は日本代表で活躍することだけがすべてではないはずだ、と。学生で日本代表に選ばれたと天狗になっていないか。より高い目標を目指して謙虚でひたむきにプレーすることが大切ではないのか、という叱咤にも聞こえた。広瀬をはじめプロップ田倉政憲、CTB吉田明と3人の教え子を大会に送り込んでいた大西も現地観戦し、複雑な思いを抱えていた。

原点に立ち返った広瀬はトヨタ自動車に進み97年、大敗の屈辱を味わわされたニュージーランドに留学。99年、2003年とW杯に3大会連続で出場し、03年のスコットランド戦では先発出場して炎のような猛タックルを何度も見舞い、敗れはしたが地元紙は日本代表を「ブレイブ・ブロッサムズ」とたたえた。現役引退後はトヨタ自動車の監督も歴任、大成功を収めた2019年のW杯日本大会組織委員会でも奮闘した。

そんな広瀬が京産大の主将になり、大西に手渡した1枚のレジュメが残っている。「目標　学生日本一」という題で、自分たちがどのように取り組むのか明記されている。一部を抜粋してみる。

フロントローに集約されるように、毎日地味な練習をコツコツやり、ひたむきな姿勢をまもり続ける精神力をもち、そして自信とプライドと、絶対誰にも負けないという気持ちをつくろう。(こう書くと厳しくて、苦しい感じを持つが、みんなで明るく、ジョークを言い合える、明るく爽やかな集団でいよう)

日本一を目指す京産大ラグビー部員は、一人一人が日本一の学生であるべきだと思う。他人に流されず、自分の夢を実現させる為に日々努力し続けよう。自分の立場を考え、必ず、正・成の行動をとろう。(グラウンド、私生活でも)

目標に向かって厳しい練習を避けず、前向きに、積極的に取り組む。体格では劣るとも、パワー・スピード・スキルでは絶対に負けない個々を作り、力強いチームになる。

この年の関西リーグは開幕戦から4試合連続で70点以上を奪うなど、他校を寄せ付けない大勝続き。12月2日、西京極陸上競技場での最終戦で、6戦全勝同士の同志社大と優勝をかけて激突した。だが、この一戦は京産大だけでなく、同志社のファンも驚く予想外の結果となった。

京産大はFB江口をフランカーに起用。FWを7人に減らし、浮いた江口が攻守のフリーマンとして自在に動く「セブンエース」を採用した。この戦術は大西が天理大の学生だった頃に自らも経験、限られた戦力を有効活用するために以前から温めていたプランだった。FW第3列の選手層がやや薄いという弱点をカバーする狙いもあった。だが、この日に限っては奇策が完全に裏目に出た。

開始早々、いつもは正確なＳＯ広瀬のタッチキックがノータッチとなってしまい、嫌な予感が漂った。同大は徹底してＦＷ勝負を挑み、モールを押し、サイドアタックを繰り返した。反則を得れば突破力のあるランナーにボールを持たせ近場を突き続ける。サイズ面で劣る京産大はずるずると後退を続け、接点で食い込まれるとタックルが高くなってさらに後ろに下がる悪循環。完全に後手に回って同大のＦＷ勝負を受ける形になり、前半だけで４トライを許した。修正を試みた後半も勢いを止められず、次々に６トライを失った。なんと得点できたのは前半の広瀬の１ＰＧのみ。３―67という大敗で関西連覇を逃した。ＦＷ７人で対抗できるという自信ゆえの戦術だったが、意思統一した同大の強さを引き出す結果になり、自ら試合の流れを手放してしまった。

この悪い流れを断ち切れず、第32回全国大学選手権も、１回戦で日本大（関東リーグ戦４位）に不覚を取った。同大戦から半数以上のメンバーを入れ替えて臨んだが、今度は相手にスクラムを支配された。前半はバックスが２トライを挙げ15―10とリードしながら後半は無得点に終わって逆転負け。終了間際、左サイドのライン際を大畑が快走、トライしたかに見えたが、グラウンド外に出たことを示すタッチジャッジの旗が上がった。強さを見せつけながらも、最後に痛い２連敗を喫する無念のシーズンとなった。

大河内俊哉（4年、洛北）が主将として率いた翌1996年も関西リーグは序盤から着実に勝ち続けたものの、全勝同士で顔を合わせた同志社大との最終戦で20―29と惜敗。チーム力向上の手応えを感じて第33回全国大学選手権に挑んだが、筑波大（関東対抗戦5位）に22―30で1回戦敗退を喫した。後半33分に筑波大に奪われた逆転トライは、京産大が得意とするモールを崩されたことが起点だった。連勝街道を走りながらリーグ終盤に同志社大、関東勢に連敗する同じ形が続いた2シーズン。広瀬主将の代も、大河内主将の代も最後の結果には恵まれなかったが、ひたむきに練習して目標に向けて一丸となる雰囲気が揺らぐことはなかった。大西が1年生から粘り強く起用してきたバックスたちが経験を積み、大きく躍進しようとしていた。

1997年の主将は、すでに日本代表入りしていた大畑大介。シーズン開幕への期待は高まっていた。7月には豪州遠征を行い7戦全勝、8月の菅平合宿でも早稲田大を破り、自信を手にして関西リーグに突入した。最終戦を待たず6戦目で早々と3度目のリーグ優勝を決め、12月6日、西京極陸上競技場での同志社大戦では足首を故障していた大畑が今季初出場。2トライを挙げる活躍を見せ43―28で快勝し、全勝優勝を飾った。

第34回全国大学選手権は1回戦で大東文化大（関東リーグ戦4位）に8トライを浴びせ48―17で快勝。12月23日、4年ぶりに早稲田大（関東対抗戦2位）と対戦した花園での準々

前半14分、スクラムからナンバー8の平田がトライ。14—3とする（花園）

決勝は圧巻の試合内容だった。

前半8分、スクラムからFB大畑が飛び込んだのを皮切りに前半だけで4トライ。FWがスクラム、モールを押し込んで相手FWの動きを止めると、岡田吉之（4年、啓光学園）、佐藤貴史（4年、和歌山工）の両ウイングら快足バックスが縦横無尽に走り回った。攻め手を緩めず後半も大量7トライ、69—18で大勝し6度目の準決勝進出を決めた。早稲田大の69失点は、当時のチーム公式戦最多失点だった。京産大FWが強力なセットプレーで重圧をかけ、反則を得れば自陣からでも速攻を仕掛けて一気に走り切ってトライを奪う走力が光った。伝統校にトライを浴びせる度に花園には大歓声がこだまし、爆発的な攻撃力は待望の決勝進出を予感させた。

1998年1月2日の国立競技場、関東学院

後半39分、FB大畑がタックルをかわして中央にトライ、31—46と追い上げる
（1998年１月２日・国立競技場）

大（関東リーグ戦1位）との準決勝はどちらが勝っても初の決勝進出という対戦だった。満を持して臨んだ6度目の国立。だが、先手を握ったのは関東学院大だった。

立ち上がり。京産大はキック処理に手間取ったことで自陣でのプレーが続き、ラインアウトからSO淵上宗志（2年、佐賀工）のトライで先制されてしまう。6分にWTB佐藤のトライで追い上げたが、攻めのリズムが続かない。相手フランカー神辺光春（4年、長崎北）が確実に決める4PGと、さらに2トライ2ゴールでじりじり引き離され前半で12―33と21点リードを許した。

後半は一転して京産大ペース。強力スクラムを押し込んで21分には認定トライ、29分にはSO山岡のトライで24―36まで追い上げた。だが、再び神辺のPGとトライで失点。終了間際にFB大畑の連続トライで猛追したものの38―46で競り負けた。

試合前の円陣で大畑が「この試合を勝って、大西先生を男にするぞ」と声を掛け闘志全開で挑んだ一戦。だが1度もリードを奪えず、常に後手に回り続けた重苦しい展開が最後まで響いた。スクラムは圧倒的な力の差を見せつけながら、追う展開の後半は何度も組み直すように持ち込まれ、時間を消費された。エース大畑がボールに触る機会があまりに少なく、相手に重圧をかけることができなかった。自慢の攻撃力で計6トライ。一方の関東学院大は4トライながら4度のゴールキックをすべて成功させ、6PGと合わせて46点を積み上げた。試合運びで関東学院大の巧みさが光り、またしても国立の壁にはねかえされた。

関東学院大は1月10日の決勝で、3連覇を狙った明治大を30―17で破り悲願の初優勝を飾っている。このシーズン、京産大は悲願の全国優勝の目前に迫っていたと言えるだろう。手が届きそうで、届かない日本一。無念さを引きずっていた大西は3年生のフランカー岡本宗太（花園）と一緒に国立を再訪し、決勝を観戦している。そして、告げた。「なんでお前をここに連れてきたか分かるか？来年はお前がおれをここに連れてきてくれ」

第34回全国大学選手権・準決勝

1998年1月2日・国立競技場

京産大 前半	京産大 後半	38	12-33 / 26-13	46	関東学院大 前半	関東学院大 後半
2	4		T		3	1
1	3		G		3	1
0	0		PG		4	2
0	0		DG		0	0
12	26		スコア		33	13

	京産大		関東学院大	
1	佐藤友 ④	FW	久　富 ①	1
2	野　山 ③	FW	作　田 ④	2
3	木　下 ④	FW	上　田 ③	3
4	池　田 ②	FW	三　浦 ④	4
5	内　野 ④	FW	宮　村 ③	5
6	池　上 ③	FW	宮　下 ③	6
7	岡　本 ③	FW	神　辺 ④	7
8	平　田 ①	FW	C箕　内 ④	8
9	吉　原 ④	HB	池　村 ③	9
10	山　岡 ④	HB	淵　上 ②	10
11	佐藤貴 ④	TB	萩　原 ②	11
12	奥 ④	TB	萩　谷 ③	12
13	鈴　木 ③	TB	吉　岡 ②	13
14	岡　田 ④	TB	四　宮 ①	14
15	C大　畑 ④	FB	立　川 ③	15

○数字は学年

1998年の関西リーグ、龍谷大戦。後半5分、フランカー岡本が左中間にトライ
(11月23日・西京極陸上競技場)

岡本が主将となった1998年は前年から選手が大きく入れ替わる布陣となった。中心になったのは前年からトリオを組んできた池上王明（4年、東海大仰星）、岡本、平田政喜（2年、布施工）のFW第3列。機動力と縦への突破力に優れ、攻守の要となっていた。関西リーグは安定して力を発揮、全勝優勝で初の連覇を遂げた。

全国頂点を狙って挑んだ第35回全国大学選手権の1回戦は流通経済大（関東リーグ戦5位）に39―28で勝利。準々決勝は関東学院大（関東リーグ戦2位）と2シーズン連続での顔合わせとなり、雪辱に燃えていた。

だが前年と同じようにスクラムでうまく対応され、ラインアウトでもボールを再三奪われた。攻撃の起点となるプレーで波に乗れず、前半を7―15とリードされる重苦しい展開となった。後半は4トライずつを奪う、打ち合いに持ち込んだものの最終スコアは34―43。前シーズンと同じように関東学院大の試合巧者ぶりを見せつけられ4強入りを逃した。激戦を制した関東学院大は準決勝で早稲田大、決勝で明治大と伝統校を次々に破って連覇を達成。新しい時代の幕開けを印象づけた。

洛北高出身のロック池田篤人（4年）が主将を務めた1999年は関西リーグ3連覇に挑み、開幕から危なげなく4連勝。だが、そこから龍谷大、同志社大、大阪体育大に敗れて4勝3敗の3位となった。11月20日、西京極陸上競技場での同志社大戦は大量9トライを奪われ0―59で完封負け、同大に関西王座を3年ぶりに明け渡した。同大戦の完封負けは1984年以来15年ぶり。あまりに一方的な試合展開は、関西の戦力構図が再び変化し始めていることを予感させた。

同大はバックスが深いラインを敷き自陣から素早いパスで展開、押し上げる京産大防御を何度もかわし、おもしろいようにトライを重ねた。京産大はスクラムも、モールも押すことができず無得点に終わった。関西3位校として第36回全国大学選手権に出場したが、1回戦で明治大（関東対抗戦3位）に5―60で大敗。全国大学選手権で50点以上を取られたのは初めてのことだった。

１９９０年以降、関西リーグでは1位、２位をキープしてきたが、初めて優勝争いに絡めない位置に後退した。躍進を続けてきた京産大は曲がり角を迎えようとしており、新たな局面を迎えることになる。

試練の下り坂　［2000～2005］

破竹の勢いで白星を並べ、関西リーグ制覇や全国大学選手権4強進出など数々の実績を残した1990年代。こだわりの強力FWで局地戦を制圧して重圧を与え、豊富な運動量のバックスが自在に駆け回る―。そんな戦術スタイルと関西有力校としての実力は高く評価されていたが、迎えた新世紀は波乱に満ちたシーズンを交互に繰り返すことになる。

練習でスクラムが組めないほどの部員不足に悩みつつ、それを乗り越えて7度目の全国4強入り。しかし、その2年後には関西リーグ最下位に沈んで入れ替え戦に回る塗炭の苦しみを味わっている。24歳で赴任し、選手と一緒に汗を流す青年監督として率いてきた大西も50代。ずっと挑戦者として「格上」に挑んできたが、初めてチームの「下り坂」を経験した。登る時は目指す頂上が見えているが、転がり落ちて行く際に底は見えない。先が見通せない怖さを味わうことになった。

2000年の主将は、1年生からナンバー8で活躍してきた平田政喜（4年、布施工）。関西リーグは龍谷大、立命館大、摂南大、大阪経済大に連勝したものの、第5節の近畿大戦は「サヨナラＰＧ」を決められ40―41で落としリズムを乱した。２週間後には同志社大に大量16トライを奪われ19―98というまさかの大敗。同大の主将は、後に日本代表としてＷ杯で活躍する大西将太郎（４年、啓光学園）。１、２年生時は京産大に苦渋を味わされただけに、41―５と大量リードしたハーフタイムでも徹底して得点を奪うよう仲間を引き締めた。京産大がＡリーグ昇格３年目の１９７６年に０―97というスコアが残っているが、その同志社大戦の最多失点記録を塗り替えてしまった。平田が２トライを挙げたものの攻守に力の差を見せつけられ、大西は呆然とピッチを見つめ「こんな大敗は記憶にないですね」と声を落とした。リーグ最終戦の大阪体育大にも19―26と競り負け、終盤は３連敗と苦しんだ。

４勝３敗の関西４位で臨んだ第37回全国大学選手権の１回戦は早稲田大（対抗戦３位）と対戦、前半で６―38と32点差を付けられる一方的な展開となった。後半に４トライを挙げたが流れは変わらず、計10トライを重ねられ32―62で大敗した。

翌２００１年主将の塩見圭大（４年、東海大仰星）の代も苦しんだ。大阪体育大との開幕戦は後半に逆転されて20―43で敗れ、いきなりつまずいた。そこから４連勝して立て直したように見えたが、同大に12トライを奪われ17―80で大敗。最終戦は、大型ＦＷを前面に出したパワフルな戦いぶりで55年ぶりのリーグ優勝を飾った立命大に12―55で完敗し、

4勝3敗の関西5位となった。

関西第5代表決定戦は徳山大（中国・四国代表）に90―0で大勝、17年連続となる第38回全国大学選手権出場を決めた。12月16日、秩父宮ラグビー場での1回戦で関東学院大（関東リーグ戦1位）に12トライを奪われ、14―75で大敗した。前半はスクラムを押す場面も見られたが、後半は走り負けて点差を一気に広げられた。

これで全国大学選手権は1999年から3年続けての初戦敗退。関西リーグでは通用しても、同志社大や関東の強豪には一方的に失点して大敗するゲーム展開が目立つようになった。当時の京産大総合グラウンドは、とにかく部員数が少なかった。

毎年発行されるプログラム「関西大学リーグメンバー表」によると2000年の選手（マネジャーを除く）は45人、2001年は46人。100人を超える大集団のチームも珍しくない中で、部員数の少なさはAリーグ8校でも際立っていた。けが人も多く、全部員が練習に参加できるとは限らない。負傷者は総合グラウンド奥にあったウエート練習場で補助運動をするのが慣例で、そこにいる選手を除くとグラウンドにいるのは30数人という日もあった。指導するのは大西ただ1人。「花園出場」を狙っている高校の部活動でも見かけない、なんとも小所帯の練習風景だった。ここまで縮小してしまった理由の一つとして、スポーツ推薦で入学してくる選手の減少が挙げられる。その当時は練習や授業についていけず退部者が出ると、自動的にスポーツ推薦の人数が減らされる仕組みだった。

肝心のスクラムを鍛えようにもA、Bチームの第1列、計6人が揃わないこともあった。ポジションをコンバートするなど工夫を凝らしたが、どうしても組み込む本数は少なくなる。部員数とチーム力は必ずしも比例するわけではないが、京産大の場合は練習の量と質の低下が深刻だった。「練習して強くなる」部分で勝負してきた強みは半減した。そんな厳しい環境下であっても全国大学選手権の連続出場を止めなかったのは、言い訳せず厳しい練習に打ち込んだ選手たちの努力の成果だと言えるだろう。

この苦しい一時期を乗り越えると、部員数は2002年に62人、03年に65人まで回復し、04年は79人、05年は85人と80人台に。その後は概ね70～90人台を推移し、現在は1学年約20人のスポーツ推薦入試と数人の一般入試の選手が入部してくる状態が続いている。Aリーグ最少という陣容は変わらないが、それでも人数で練習内容が制限されることはなくなっている。

伊藤鐘史（4年、兵庫工）が主将を務めた2002年は同志社大に敗れはしたが、トライ数では上回り46―50と肉薄。最終戦で龍谷大に47―43と際どく競り勝って5勝2敗で関西2位と復調した。通算20度目の出場となった第39回全国大学選手権は1回戦で中央大（関東リーグ戦4位）に17―39で競り負け、4年連続の初戦敗退となった。

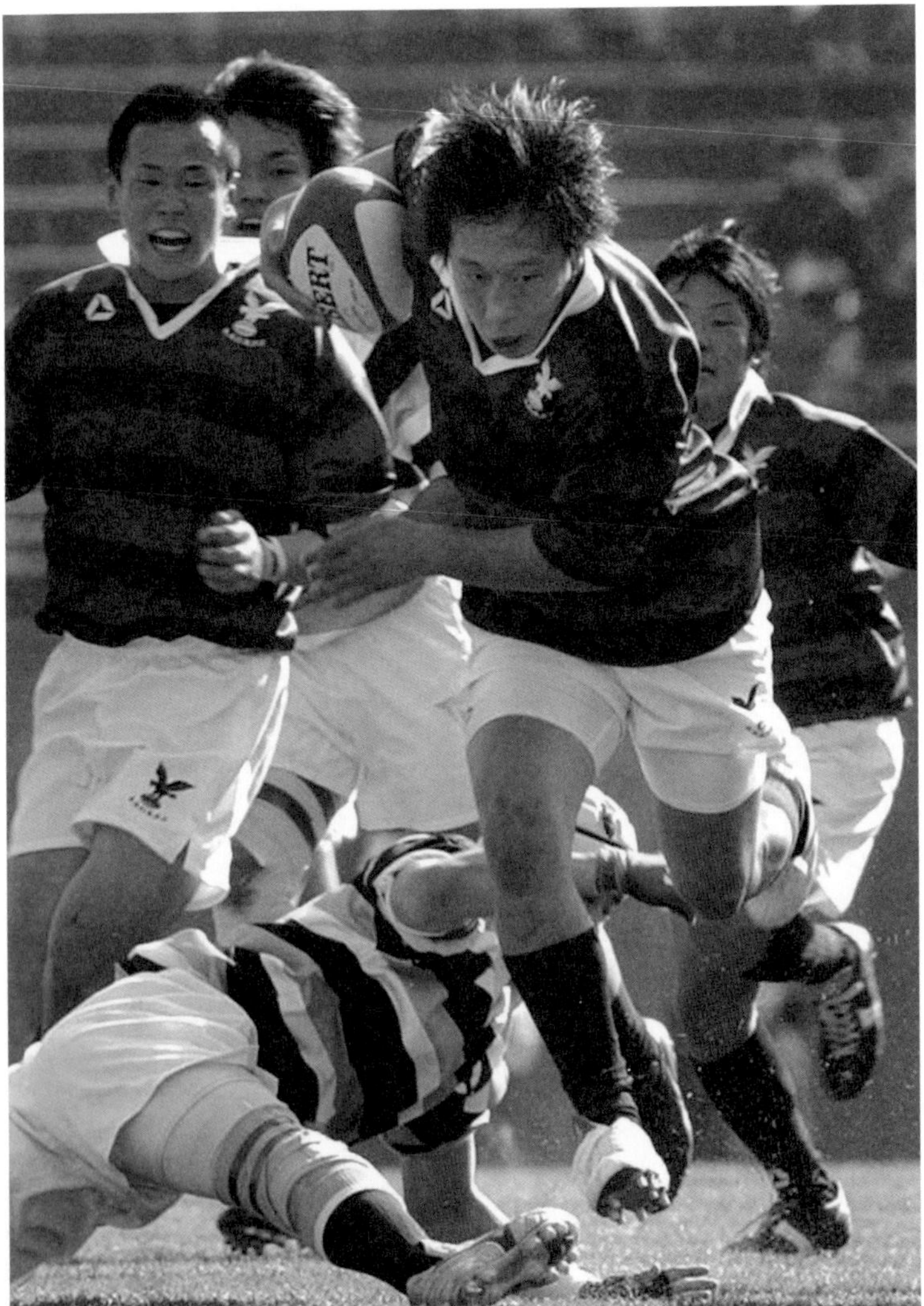

中央大戦の前半28分、ナンバー8長田が突破をはかる（2002年12月15日・花園）

主将だった伊藤は卒業後、リコー、神戸製鋼でプレーし、2015年のW杯メンバーにも選ばれる。191センチの長身ながらロックではなく、大西はあえて豊富な運動量が求められるフランカーとして起用した。高校時代の実績はなくても潜在能力の高さを見抜いて1年から使い続け「あのサイズで、走って仕事ができるようになればジャパンになれますよ」とうれしそうに話していた。結果的に伊藤は在学4年間で1度も大学選手権の勝利に恵まれていない。でも、31歳で日本代表に選ばれる息の長いプレーヤーの下地は大学時代にしっかりと培われていた。

全国大学選手権で5年ぶりの勝利をつかんだのは2003年、主将は2年からナンバー8としてFWをけん引してきた長田一寿（4年、近大付）だった。開幕から好調を維持し、関西学院大、天理大、龍谷大を下して3連勝。1敗で迎えた11月29日の宝が池球技場、同志社大戦は雨中で大激戦を演じた。前半7分にスクラムの認定トライで先制し15―12と前半リードで折り返したが、後半は同大のモール攻撃を止められず2トライを許し20―22で惜敗した。FW勝負に持ち込みやすい得意の「重馬場」でのゲームとなり、スクラムを起点に組み立てていく京産大らしさを取り戻して復調を印象づけた。

スクラムの大黒柱となる右プロップを務めたのは熊本・文徳高出身の松尾健（4年）だ。186センチ・115キロという堂々たる体格で、九州の男らしい雰囲気からついた愛称

スクラム練習（2004年９月24日・京産大総合グラウンド）

は「おいどん」。１、２年生の時はスクラム練習で何度も涙を浮かべ、諦めたような態度を見せては大西に「人生を投げ出すのか」と諭された。スクラムを泣きながら組んで、組んで強くなり、このシーズンは全試合に先発出場。前年の試合中、足首のアキレス腱を断裂する大けがをしながら、本人も気づかないままプレーを続ける一幕もあった。そのシーズンは大切なプロップを欠くことになったが、大西は感服して「おいどん、男になりましたね」と成長に目を細めた。

5勝2敗の関西3位で臨んだ第40回全国大学選手権は16校が1回戦を行い、勝った8チームが4校ずつに分かれてリーグ戦を実施、上位2校が4校トーナメントに進む新方式で行われた（翌年からは再び16校トーナメントに戻った）。名古屋・瑞穂ラグビー場での1回戦は33―24で筑波大（関東対抗戦3位）に粘り勝ち、1998年以来のうれしい全国勝利を手に入れた。だが、進んだリーグ戦では早稲田大、法政大、東海大に3連敗。充実した選手層で、連戦を戦い抜く関東勢との総合力の違いが浮き彫りになる結果となった。

2004年は関西リーグも方式が変更され、リーグ戦の後に、上位と下位で4校ずつのトーナメントを行う方式が導入された。瀬野裕次郎（4年、京都学園）が主将を務め、リーグ戦は4勝3敗の4位、1～4位トーナメントは同志社大に敗れ、続く3位決定戦も大阪

2004年の関西リーグ、大阪体育大戦。FB徐が鋭いランを見せる（11月28日・花園）

体育大に敗れ4位となった。第41回全国大学選手権は1回戦で大東文化大（関東リーグ戦3位）に21―55で敗れた。

翌2005年は、春先からチームに新風が吹き込まれた。イングランド出身のニュージーランド人、クリス・ミルステッドがフルタイムコーチとして就任したのだ。社会人の豊田自動織機で指導経験があり、防御システムの指導や試合分析に定評があった。米国の名俳優ハリソン・フォード似のハンサムで、明るい性格。選手とのコミュニケーションも日常会話は日本語でやりとりができ、すぐにチームに溶け込んだ。

この頃の大西はコーチ採用をめぐっ

て大学側との意思疎通に苦しんでいた。自ら発掘して口説いた防御担当コーチの就任を寸前になって大学側に拒否され、途方に暮れたこともある。遠征で知り合ったクリスがニュージーランドに帰国する前日に大西が携帯電話で誘い、ぎりぎりのタイミングでコーチ就任の話がまとまった。2シーズン在籍したクリスは大学ラグビーの現場で結果を出したことで指導力が再評価され、その後はホンダ、リコー、サンウルブズでもプロコーチを務めることになる。

05年の関西リーグは前年同様、リーグ戦からトーナメントに入る方式だった。主将は森岡圭（4年、天理）。快足ウイングながら夏に足を負傷し、大学選手権までベンチ入りできず悔しい時間を過ごした。リーグ戦は同志社大に12―75と大敗したものの、他校からは6勝を挙げて2位通過。だが、1～4位トーナメント初戦で大阪体育大と36―36で引き分け、抽選の末に決勝進出を譲った。前半は31―10と圧倒して折り返しながら、後半に猛追されての手痛いドロー。3位決定戦は61―14で天理大を下した。

第42回全国大学選手権1回戦は、12月18日の名古屋・瑞穂で慶応大（関東対抗戦3位）と対戦した。慶大には1980年代から毎年5月の関東遠征で胸を借りてきたが、公式戦で対戦するのは今回が初めて。試合前から激しく雪が降り始め、試合途中でグラウンドは

雪の中で行われた慶応大戦。2点差で惜敗した（2005年12月18日・瑞穂ラグビー場）

真っ白に。ハーフタイムにほうきで除雪し、かろうじてラインが見えるようになった。前半は7―7で折り返し、後半も一進一退の攻防が続いた。最後は京産大が7点差を追いかける展開となった。

ノーサイドの直前、慶大陣深くに攻め込み、FWがサイド攻撃を繰り返す。大西はタッチライン近くにまで行き、中央にトライするよう指示を出した。最後は交替出場したプロップ山下裕史（2年、都島工）が巨漢を生かしてトライをねじ込み15―17と2点差に詰め寄った。同点のゴールキックを狙うのは左キッカーの徐忠植（2年、朝明）。高い成功率を誇った徐には容易な角度だと思われ、これで同点かという安堵感も漂った。蹴りやすいようにと、ゲーム主将を務めたフッカー喜田裕彰（4年、木本）は必死に手で雪をかいて整地した。だがキックはわずかに右に外れ、同点を逃した。雪でぬかるんだ地面に足を取られたか、80分走り回った疲労の蓄積が響いたか。わずかにバランスが崩れ、コントロールは乱れた。両手を腰に当て、呆然と立ち尽くす徐に真っ先に駆け寄ったのも喜田だった。個人練習で蹴り込んできた徐の努力を知る大西は「今までチュンシキ（忠植）のキックでどれだけ勝ってきたか。責められません」と話した。

先発メンバーで４年生は喜田、フランカー岡崎聖生（八幡工）、SH樋口勝也（熊野）の３人だけ。トライを挙げた山下をはじめ、プロップ長江有祐（２年、春日丘）、SH田中史朗（３年、伏見工）ら卒業後に日本代表となる選手がこの一戦を経験していたことは今後の大きな財産になった。シーズン最後で関東勢に大敗して終わるのではなく、日本ラグビーのルーツ校である慶大と雪の中で互角の勝負をすることができた――。敗れはしたがチームは確かな手応えを感じつつ、長いトンネルから抜け出そうとしていた。

8

雪の中で熱戦が続いた（2005年12月18日・瑞穂ラグビー場）

監督辞任［2006〜2009］

2006年は、早稲田大を初めて破った1993年シーズンの主将だった吉田明がコーチに就任した。神戸製鋼でプレーを続け、日本代表キャップは17。大学院に通いながら指導者として勉強を積むことになり、監督の大西を筆頭に、前年に加わったクリス、吉田両コーチのトロイカ体制で臨んだ。部員数は女子マネジャーも含めて91人。40人台だった2000年頃から部員数は倍増し、スタッフもクリスはディフェンス、吉田はバックスと細分化して担当するようになった。この数年で集団球技に取り組む大学のクラブらしい、にぎやかな雰囲気が戻ってきた。

関西リーグは開幕から4連勝と順調に滑り出した。相手を圧倒するような強さはなかったが、どのチームと対戦しても自分たちのペースで試合を進めていくことができた。ロック半田浩二（九州国際大付）、フランカー山田真司（花園）、SH田中史朗（伏見工）、FB内田憲佑（啓光学園）ら4年は数人という若い布陣を主将のフッカー小西賢一（東海大仰星）がうまくまとめた。

法政大戦の後半26分、プロップ山下が逆転のトライ（2006年12月24日・花園）

チームが一皮むけてレベルアップしたのは第5節の大阪体育大戦だろう。前半は互いに無得点。後半はトライを1本ずつ奪って京産大が7—5でリードして迎えた後半38分、ドロップアウトから一気にカウンターで攻め込まれ痛恨の逆転トライを許した。7—12で競り負けはしたがFWもバックスも集中してディフェンスできる時間が多く、試合運びの安定感がぐっと増した。

1週間後の同志社大戦は同点で迎えた後半22分、自陣で倒れ込みの反則を得るとSH田中が迷わず速攻を仕掛けて右へパス。タイミング良く攻め上がったWTB江藤大和（3年、筑紫）が同大インゴールに蹴り込み、快足を飛ばし自ら抑えて勝ち越しトライを挙げた。17—12で競り勝ち、関西連覇を飾った1998年以来となる8年ぶりの同大戦勝利となった。同大は関西リーグで5年ぶりに黒星を喫し、リーグ連勝記録が39で止まった。

6勝1敗の関西2位で挑んだ第43回全国大学選手権は1回戦で帝京大(関東対抗戦4位)を10—7で振り切り、準々決勝は法政大（関東リーグ戦2位）を36—28で下して9年ぶり7度目の全国4強入りを果たした。

年が明けた2007年1月2日の準決勝は、大学3連覇を狙う早稲田大（関東対抗戦1位）と激突した。京産大のメンバーには全国区のスター選手はいなかったが、関西リーグ終盤から同大、天理大、帝京大、法大に連勝して勝ち上がり勢いに乗っていた。前評判は

プロップ長江が突破をはかるが阻まれる（2007年１月２日・国立競技場）

戦力充実する早大有利との声が大半だったが、通算７度目となる国立競技場での大一番を直前にした大西は「飛び抜けた力があるとは思わない。でも、意外と勝つのはこういう時かもしれませんしね」と打ち明け、接戦を制してきた今季のしぶとい戦いぶりに期待していた。

また、この試合には将来の日本代表が数多く出場している。京産大からは山下、長江、フランカー橋本大輝（２年、九州国際大付）、SH田中、早大からはプロップ畠山健介（仙台育英）、SH矢富勇毅（京都成章）、CTB今村雄太（四日市農芸）、FB五郎丸歩（佐賀工）。２０１５年のＷ杯イングランド大会で南アフリカを破り「ブライトンの奇跡」と賞賛された一戦には山下、田中、畠山、五郎丸の４人が名を連ねた。

前半10分、京産大のＷＴＢ江藤がインターセプトから独走する先制トライを挙げた。早大の攻撃に鋭いタックルで対抗し、看板のＦＷも奮闘。前半は７―17と健闘を見せたが、後半に入ると時間とともに総合力で上回る早大へ次第に流れは傾いた。計９トライを奪われ12―55の完敗。今回も悲願の「国立勝利」には手が届かなかったが、先発メンバーのうち10人が来季に残るという明るい材料もあった。悔しさをかみしめつつ、２００７年のシーズンに向けて大西は大胆な手を打った。

一般的に大学のチームは秋のリーグ戦でシーズン開幕を迎え、12、１月の全国大学選手権でシーズンを終える。１、２月の後期試験を経て短い春休みを取りつつ、自主練習、チーム練習から始め、新学年になった４月下旬頃からオープン戦に入るというのが通例だ。春先は基本技術の習得やフィジカル向上を目的とした基礎トレーニングが中心で、この時期はボールを持たないチームも少なくない。選手個人としても、チームとしても習得すべき要素が多く、長期に渡る準備が必要なこともラグビーの特徴だと言える。

だが、そんな一般的なセオリーに反し、このシーズンに限って大西はチーム練習を継続していく強化方法を選んだ。前年の中心選手の多くが４年生になる２００７年は全国優勝の絶好機だと踏んだのだ。１、２月は練習の強度こそ落としたもののスクラムやラインアウトなどユニット練習はそのまま継続。より一層のレベルアップを図ろうと、３～４月にはニュージーランド遠征を実施している。今年に懸ける並々ならぬ大西の気合は選手にも伝わっていただろう。春先から仕上がりは早く、オープン戦は連戦連勝。6月の三重ラグビーフェスティバルも法政大に43―13で快勝。8月の菅平合宿で総仕上げに入った。

ところが、この夏合宿の練習中に思わぬアクシデントに見舞われた。左プロップ長江有祐（4年、春日丘）がアキレス腱を断裂、戦列を離れたのだ。①長江②後藤満久（4年、関西創価）③山下裕史（4年、都島工）で組む第1列の強力スクラムが実現できなくなったことは、大西にとって大誤算だった。長江は全治6カ月、早くても大学選手権で復帰という見込みだった。主将でもある後藤が左プロップに回り、フッカーに抜てきされたのは定松竜太（4年、大阪桐蔭）。80キロの体重は第1列としては軽量であり、長江との体重差は実に35キロ。連日のように厳しいスクラム練習が始まった。

また、05、06年と大西の右腕を務めたコーチのクリスはこの年から京産大を離れ、ホンダのヘッドコーチに就任した。相談を受けた大西はもちろん慰留に努めたが、プロコーチである以上、待遇面を含めより良い環境を求めることは当然の選択だと思えた。クリスの立場を理解し、快く送り出した。短い2年での交代に当時はさまざまな憶測が飛んだが、2人の良好な協力関係は現在も続いている。

長江が離脱したものの、4年には主将の後藤をはじめ、山下、河嶋康太（太成）、坂野智章（名古屋）の両ロック、SOは大熊佑（海星）、CTB石蔵義浩（筑紫丘）、WTB徐忠植（朝明）、江藤大和（筑紫）と好選手がそろっていた。しかも、この学年は高校時代に「花園」を経験した選手が1人もいないという、無名選手の多い京産大でも珍しい代だった。それぞれ大学で大きく伸び、3年時には国立の大舞台も経験。卒業後は多くの選手がトップリーグに進んでいる。

関西リーグでは開幕4連勝を飾りながら、同志社大、立命館大に競り負けて勢いを削がれ、5勝2敗の関西2位。第44回全国大学選手権1回戦は福岡大（九州1位）に43―5で快勝、準々決勝は花園で明治大（関東対抗戦2位）と激突したが0―29で完封負けを喫した。勝負の焦点はFW戦と見定めて挑んだが、前半12分に痛恨のスクラムトライを奪われ劣勢に回った。夏合宿でBチームから抜てきされたフッカー定松は最後まで交替することなくフル出場、必死に明大FWに立ち向かった。チームとしては大学選手権で初の完封負けを喫し、2年がかりで全国上位を狙った大西の大胆な構想は実を結ばなかった。

次々に好選手が出てくる伝統校とは違い、充実したシーズンの翌年は大きな反動がくる。多くの大学スポーツがそうであるように、2008年の京産大はかつてない苦しみを味わった。

前年の明治大戦で先発した10人が卒業し、残ったレギュラーはナンバー8で主将の橋本

前半９分、明大の突進を食い止めるナンバー８橋本（2007年12月23日・花園）

大輝（4年、九州国際大付）、SO岩田光（4年、大工大高）CTB今村六十（4年、木本）くらいで、初めてレギュラーになる選手が大半を占めた。4月上旬の関西ラグビー祭で大阪体育大に0―53で大敗、5月の関東遠征では慶応大に0―54と再び完封負け。大阪ラグビー祭では摂南大に33―40で、京都ラグビー祭は同志社大に5―24で敗れ暗雲がたちこめた。他校とのオープン戦も黒星続き。「春は負けが続いても、ひと夏を越えると見違えて強くなるのが京産大」と言われてきたが、このシーズンは深刻だった。

関西リーグ初戦から天理大、関西学院大に連敗し、初勝利は3戦目の摂南大。後半ロスタイムに逆転トライを挙げ36―33で辛勝した。そこから近畿大に1点差で競り負けると、大阪体育大には2点差の惜敗。最終戦の同志社大には5―71で大敗した。2勝5敗で、1977年以来31年ぶりの最下位8位が決まった。1985年から継続していた全国大学選手権出場も23年でストップ。Bリーグ1位の龍谷大との入れ替え戦に回ることになった。

同志社大と試合をしたのは12月6日。翌日は練習を休み、8日から13日の入れ替え戦への練習を始めたが、大西はAリーグ残留に危機感を募らせていた。全国舞台で2年前は早稲田大、昨年は明治大と対戦し、「自分たちがBに降格するわけない」という根拠のない楽観ムードが漂っているように思えた。「チームの危機だ」と言葉でいくら訴えても選手には響いていないように感じた。龍谷大を率いる監督は啓光学園高、天理大の後輩でもあ

前半16分、WTB実吉がトライ。14―0とリードする
（2008年12月13日・宝が池球技場）

る記虎敏和だ。啓光学園高を全国高校大会4連覇に導いた勝負強い知将で、京産大の弱点も分析済みだろう。

　大西が監督就任当時の学生たちと掲げたチーム理念「いつ、いかなる場合も大学選手権優勝を目指す」は、Bリーグに降格してしまえば目指すことさえできなくなる。それでは、夢を大西に託し卒業していった学生たちとの約束を破ることにならないか？チームを守るために自分ができることはないか？どうすれば選手を守る奮起させることができるのか？ 悩みに悩んだ大西は大きな決断をして、13日の一戦に臨んだ。

　よく晴れた宝が池球技場。4年生だけを残した試合前のロッカールームで、大西は自分の思いを伝えた。

「勝っても負けても、おれはこの試合で監督を辞める。お前たちとの最後の試合だ。だから、この試合は絶対に負けられない」。自分は何も失わないまま、心血を注いできたチームの危機を乗り越えることはできない、というのが悩み抜いた末の結論だった。監督としての

関西大学A・Bリーグ入れ替え戦

2008年12月13日・宝が池球技場

京産大		36	14－7 22－21	28	龍谷大	
前半	後半				前半	後半
2	3		T		1	3
2	2		G		1	3
0	1		PG		0	0
0	0		DG		0	0
14	22		スコア		7	21

1	佐　藤 ②	FW	土　井 ③	1
2	中　村 ④	FW	坪　内 ③	2
3	水　木 ④	FW	横　山 ②	3
4	中　井 ②	FW	伊東一 ③	4
5	鄭 ④	FW	守　谷 ③	5
6	小　山 ④	FW	福　富 ④	6
7	C 橋　本 ④	FW	村　川 ③	7
8	金　森 ③	FW	河　本 ④	8
9	中　野 ②	HB	鹿　村 ④	9
10	西　村 ①	HB	堤 ③	10
11	内　田 ③	TB	C 岡　崎 ④	11
12	今　村 ④	TB	高　橋 ④	12
13	小　幡 ③	TB	前　田 ②	13
14	実　吉 ④	TB	伊東力 ①	14
15	岩　田 ④	FB	樋　村 ③	15

○数字は学年

試合後、監督辞任を表明した大西

首を差し出すことで、Aリーグに残留する可能性を少しでも上積みすることができれば、と考えたのだ。

前半は14―7でリードしたが、後半15分に同点に追いつかれた。17分にFB岩田のPGで勝ち越し、27分にはドロップアウトからのキックを受けたフランカー橋本が走り込んでトライ。31分には鄭貴弘（4年、大阪朝鮮）もトライを決めて突き放した。36―28でかろうじて逃げ切り、B降格を免れた。

大西は試合後、報道陣に監

督辞任を表明。すがすがしい笑顔さえ浮かべ、「最後にいい試合をしてくれた。こんなにうれしいことはない」と選手たちをたたえた。先制トライの今村、2本目トライのWTB実吉護（鹿児島玉龍）を含め、この試合の得点者は全員が4年生。苦労に苦労を重ねたシーズンだったが、最上級生としての4年生の意地がBリーグ降格という最大のピンチを救った。そのことが大西にはうれしかったのだ。

チームを覆う苦しい状況は吉田明が監督に昇格した2009年になっても好転しなかった。総監督となった大西がグラウンドで指導することはなくなり、研究室から練習を見守る毎日が続いた。主将を務めたのは大学でフランカーにコンバートした金森友亮（4年、朝明）。春のオープン戦、菅平合宿でも思うように勝てず、不安を抱えて開幕を迎えた。

初戦の立命館大に15―17で敗れると、開幕から勝てないまま5連敗。6試合目の大阪体育大戦で金森が2トライするなど奮起し、31―22でようやく白星をつかんだ。試合日は11月29日。12月を目前にしてのシーズン初勝利だった。最終戦の相手は、Aリーグ初昇格の大阪産業大。22―5で快勝して2勝目を挙げ、関西リーグ6位となった。5位以内のように全国大学選手権へ道が開けることもなければ、7、8位のように入れ替え戦に回ることもない。関西6位は「何もない順位」と言われ、関西リーグの7試合だけで公式戦を終えることになった。

２年続けて大学選手権出場を逃し、全国舞台が遠くに見えた。この年の第46回全国大学選手権は帝京大（関東対抗戦４位）が初優勝、９連覇まで続く黄金時代が幕を開けようとしていた。

雌伏の時［2010〜2012］

2008年はBリーグ降格のピンチに追い込まれ、続く09年も関西6位となって2年続けて全国大学選手権出場を逃した京産大。2010年に関西5位となって全国舞台に復帰したが、そこから再び2年続けて全国から遠ざかる。大西が率いたAリーグ46年間のうち就任直後の1970年代を除けば、2008年から2012年の5シーズンは最も勝利から見放された苦しい時期だった。

この5年間は関西リーグの順位も8、6、5、7、7位に沈み、35試合で11勝24敗、勝率は3割1分4厘と振るわなかった。入れ替え戦に回ること実に3度、ぎりぎりの5位で出場した2010年の全国大学選手権も初戦で東海大に大敗している。スクラム練習もできないほどの部員不足に悩んだ2000年代前半に続く低迷期だと言えるだろう。

もちろん京産大のレベルダウンは真っ先に指摘できるが、対戦チームのレベルアップも要因に挙げることができる。2008年から2連覇を遂げた関西学院大、2010年に35年ぶりに関西制覇を果した天理大など古豪が復活、留学生を中心にしたチーム作りを早くから進めてきた摂南大もめきめきと台頭してきた。関西屈指の長い伝統を誇る同志社大は多少の波こそあっても毎年のように優勝争いに絡み、立命館大も底堅い戦力をキープし堅調さを見せていた。関西リーグ8校の実力差が接近し、「戦国リーグ」の様相を見せ始めていた。

勝率が3割程度という厳しい時代を迎え、大西は戦い方の刷新、戦術の脱皮に全力を傾けた。セットプレーで重圧をかけ豊富な運動量で相手を上回るという基本スタイルは残しながらも、新たな発想を取り入れようと外部コーチの積極的な登用を続けた。

2005年のクリス・ミルステッドコーチの招へいが成果を挙げたことも後押しになったのだろう。2011年は元サモア代表フルバックのタナ・ビリーを、翌2012年はキース・デービスをコーチに招いている。

外部から人材を受け入れることは、指導する自分のラグビーが限界に近づき、手詰まりになっていることを認めることになりかねない。でも、大西は「自分たちの力だけでは大学王座に届かなかった。足らない部分を補ってもらうため」と迷いは一切なかった。周囲からの視線よりも、学生たちを勝たせること、「大学王座を狙う」という目標に本気で挑む状態を取り戻すことに必死だったのだ。

吉田明が監督として2シーズン目を迎えた2010年は、ともに父親がOBであるCTB三原亮太、FB山下楽平という期待の常翔啓光学園出身コンビが入学してきた。高校2年時に全国高校大会優勝を経験している2人は4月のオープン戦の初戦から出場を続け、FW第2、3列で活躍した小川雅人（松山聖陵）とともに4年間に渡って中心選手として活躍する。また昨年1年間は総監督として現場を離れていた大西に、監督の吉田が「原点であるFWの強さを取り戻してほしい」と復帰を要請。「FWコーチ」としてグラウンドに戻ることになった。

主将のプロップ佐藤一斗（4年、尾道）が夏場に故障、不安を抱えての開幕となった。1勝2敗で迎えた第4節の同志社大戦はFB山下がロスタイムに勝ち越しPGを決め17－14で4年ぶりに勝利。3勝4敗で4校が並ぶ大混戦となり、得失点差で4位大体大、5位京産大、6位立命館大、7位同大の順位となった。関西第5代表決定戦で朝日大（東海・北陸代表）を29－13で破り、3年ぶり26度目の全国大学選手権出場を決めた。

第47回大会の1回戦は秩父宮ラグビー場で、東海大（関東リーグ戦1位）と対戦。東海大のフランカーには将来の日本代表主将、リーチ・マイケル（4年、札幌山の手）がいた。前半33分にモールからフランカー小川が飛び込みトライ、後半25分にもSH田中大治郎（2年、天理）がインターセプトから独走トライを決めた。2トライで意地を見せたものの、先発メンバーの半数以上が3年生以下という布陣の京産大は14－83で大敗した。大量13トライを奪われる完敗であり、優勝候補だった東海大との実力差は明らかだった。

苦しい布陣ながら関西5位に滑り込み、3年ぶりに挑んだ全国舞台。初戦敗退ではあったが、自信を失いかけていたチームを勇気づけた。この年に選手権出場を逃していたら、2008〜2012年まで5シーズン連続で全国舞台から遠ざかることになった。その後のチームの歩みは大きく変わっていたはずだ。若いメンバーを率いた主将の佐藤は文字通り体を張って奮闘、卒業後はトヨタ自動車でプレーした。シーズン後、大西は自宅に招き「お前を主将に選んで正解だった」とねぎらった。

このシーズンは忘れられない選手がプレーしている。中井太喜（4年、啓光学園）。ロック、フランカーの選手で1、2年生の頃は線が細い印象だったが、3、4年生になると体が厚みを増しプレーの迫力に磨きがかかった。球を持てばアタックで豪快な突破を見せ、タックルでは相手を横倒しにした。朴訥としていて、インタビューで話を聞いてもぼそぼそと少し話すだけ。器用には見えなかったが、ゴール前で劣勢に回った場面では、頼もしく見えた。苦しい場面でも決して逃げない選手だったからだ。

中井が4年生だった時の菅平合宿。偶然、トップリーグ近鉄の採用担当者の目に留まり入社した。1年目から公式戦に起用され、2年目は全15試合に出場。社会人特有のハード・ヒットにも慣れ、泥臭いプレーが目の肥えたファンのハートをつかんだ。2013年1月

26日に地元・花園でヤマハ発動機とのシーズン最終戦に先発出場し、3月21日の誕生日は兄と訪れた寿司屋でこれからの活躍を誓った。その直後、思わぬ運命に直面した。

「腰や背中が痛い」と受診した病院で告げられた病名はがん。それも、すでに全身に転移している状態だった。前年、中井はがんで父親を失っていた。大西も、中井の話になると表情を曇らせた。「彼のお父さんも末期がんでした。抗がん剤を打ちながら試合を見に来て、その試合でのタックルはすごかったんですよ。鉈（なた）のような重いタックルをするようになったから期待しているんですが…」。そう話して黙り込んだ。

京産大を卒業して2度目の春が来た2013年5月12日。日本代表入りも期待された若いラガーはわずか24歳で旅立った。葬儀会場から霊柩車が出るとき、参列した大西は中井の名前を大声で叫んだ。

2011年は吉田明が監督を退任、啓光学園高時代の恩師・記虎敏和が監督を務める龍谷大コーチに転身した。これに伴って大西が監督に復帰し、元サモア代表のタナ・ビリー、OB吉瀬晋太郎がコーチとして加わった。スタッフの顔ぶれが大きく入れ替わったが、このシーズンも苦しい戦いを強いられた。

開幕から天理大、関西学院大、近畿大、大阪体育大に4連敗。摂南大と立命館大に競り勝ったものの2勝5敗で7位。大阪産業大（Bリーグ2位）との入れ替え戦に回った。こ

大阪産業大戦の前半12分、相手キックをフランカー梅村がチャージ
（2011年12月10日・宝が池球技場）

の試合は際どくもつれる一戦となった。

前半は13―6とリードして折り返したが、FWとバックスに留学生を起用する大産大に後半20分から猛反撃された。34分にはナンバー8の高田薫平（1年、京都外大西）がシンビンとなり、1人少ない14人で戦う窮地に立たされた。35分には防御が中央に偏った場面から右展開されてトライ（ゴール）を奪われ、ついに21―20と1点差に詰め寄られた。ロスタイムの時間を消費したと判断したSO西村厚輝（4年、東海大仰星）がタッチに蹴り出したが、レフェリーはまだ時間は残っているとして相手ボールのラインアウトで再開。投入したボールがノックオンを誘って試合終了となったが、1点差のまさに薄氷を踏む勝利だった。

龍谷大と対戦した2008年の入れ替え戦と並ぶ、Bリーグ降格の最大の危機だったと言える。苦しい思いの多いシーズンだったが、主将のフランカー梅村和巳（4年、八幡工）、副将のSH中村僚太（4年、近大付）は持ち前の明るい笑顔で部員たちをリードした。ぎりぎりの勝利でAリーグ残留を決めると、選手は抱き合うなど惜しみなく喜びを披露。それまで隠していた重圧の大きさを感じさせた。

翌2012年はタナ・ビリー、吉瀬に代わり過去に摂南大などを指導したキース・デービスがコーチに就任した。フッカーの白江良（4年、東海大仰星）が主将を務め、立て直

全体練習後、学生を鍛える大西（2012年８月15日・神山球技場）

しを図った。西本佳孝（４年、御所工）、渡辺洸己（４年、九州国際大付）、そして身長１６５センチと小柄ながら1番、２番、３番と第1列の全ポジションをこなす中島裕樹（３年、啓光学園）らフロントローに個性的な選手が揃った。スクラム強化に復活の手応えを感じ始めていた。

ところが、このシーズンも開幕から苦しんだ。大阪体育大、立命館大、天理大に3連敗。４試合目の同志社大戦で26—22とやっと初勝利を挙げたが近畿大、関西学院大に連敗。最終戦の摂南大には勝ったものの3校が2勝5敗で並び、得失点差で5位大阪体育大、

6位同志社大、7位京産大と決まった。京産大は2年連続で12月8日、宝が池球技場での入れ替え戦に回った。

対戦した花園大（Bリーグ2位）には2人の「アマナキ」がいた。2015、2019年のW杯で大活躍した日本代表ナンバー8のアマナキ・レレイ・マフィと、トップリーグのリコーで活躍したCTBアマナキ・ロトアヘア。2人を軸とする攻撃に京産大は何度もゲインを許し、一時は12―14とリードされた。後半は冷静さを取り戻して4トライ、46―21で逃げ切った。

2019年で勇退した大西には、この試合が最後の入れ替え戦になった。初めてAリーグで戦い最下位8位（2勝6敗）になった1974年から計6度の入れ替え戦を経験し、そのたびに「絶対に昇格すると信じて戦うチームには勢いがある」と警戒して臨んできた。その背景には「ウチのようなチームはBリーグに1度落ちたら最後、ぬるま湯に浸かって二度とAリーグに上がってこられなくなる」という強い危機感があり、石にかじりつくようにAリーグに執着してきた。京産大が1度も陥落することなく半世紀近くAリーグで戦えたのは大西の危機管理能力の高さと、たとえ戦力的に厳しい状況でも練習して踏ん張ることがチームの風習として根付いているからだと思われる。低迷期にこそ、忘れがたい選手が多くいたことも事実である。

元木コーチ就任［2013～2015］

２００８～２０１２年の5シーズンのうち1度しか全国舞台に進めなかった苦しい時期を乗り越え、２０１３年からは再び復調路線に入っていく。部員たちにも、ライバルチームにも、ラグビーファンにも大きなインパクトを与えたのが元木由記雄のコーチ就任だろう。元木といえば大工大高（現常翔学園）、明治大、神戸製鋼で日本一に輝き、日本代表主将も務めた「平成のミスターラグビー」だ。日本代表キャップは79。

そのプレースタイルは、何より強烈なタックルが真っ先に思い浮かぶ。それも肩を当てて相手と一緒に倒れ込むイメージではなく、両手でバインドしつつ足をかき、仰向けにひっくり返す激しいタックルだ。4度のW杯を経験しているが、１９９９年10月のウェールズ戦、7万人超の満員となったミレニアム・スタジアムで見せた相手の球を奪う一撃は忘れられない。取りつかれたようにボールを追い求め、次々にタックルを浴びせていく。前半18分、元木のタックルを起点に奪い返したボールは右サイドを駆け上がってきたWTB大畑大介へと渡ってトライ。ゴールキックをSO広瀬佳司がきっちりと決め7―12と追い上げた。京産大のOBコンビでスコアを挙げたわけだが、きっかけとなるタックルを放った

練習試合後に挨拶する平尾誠二と大西
(2015年6月27日・神戸製鋼灘浜グラウンド)

元木が京産大に来ることになるとは誰が想像しただろうか?

元木がコーチに就任した背景には、神戸製鋼と大西の深い信頼関係が土台にある。神戸製鋼ラグビー部の強化・発展に大きく尽力し、同社社長、会長を歴任した亀高素吉と大西は古くから交流があり、大西が京都市西京区にある自宅に亀高を招いたこともある。神戸製鋼ラグビー部を日本選手権7連覇に導いた平尾誠二が一緒だったこともあった。また1993年度卒業の吉田明を筆頭に大畑大介、池上王明、伊藤鐘史、山下裕史、橋本大輝、田中大治郎、山下楽平、梁正秋、森田慎也ら数多くのOBがプレーしている。トップリーグで活躍して日本代表に選ばれるケースも相次ぎ、京産大の選手には「頑張れば神戸製鋼でプレーでき、日本代表への道が開ける」とモチベーションを高める要因にもなった。その交流は平尾が神戸製鋼GMになっても変わることはなく、定期的に会食して情報交換する関係が続いた。大西は当時、全国大学選手権出場からも遠ざかる厳しい状況を打破するために新たな外部コーチを探しており、U—20（20歳以下）日本代表ヘッドコーチも務めた元木のコーチ就任を平尾GMに依頼。多くの人を驚かせるコーチ誕生につながった。

2013年の4月下旬、元木コーチが京都市北区の京産大・神山球技場に姿を見せた。厳しい表情、よく響く低い声。圧倒的な存在感が練習の空気をぐっと引き締め、より実戦を想定したメニューが加わった。

コーチ陣は練習前、グラウンドに隣接するクラブハウス2階にある大西の研究室に集まり、当日のメニューを細かく決めるのが日課だった。元木が主に担当したのは、ルースプレーからコンタクトゾーンに入る動きを細分化したフィジカル強化の部分だ。1対1で行う相撲、レスリングのような格闘に始まり、タックルされた後にボールを放す動作、防御時に2人目の選手が立って球に絡む「ジャッカル」、防御側の選手を払いのける「クリーンアウト」、ボール保持者を後方から押し込む「ハンマー」。これらのプレーを攻守で2対2、3対3、5対5、7対7と人数を増やしながら練習していくのが常だった。指示する内容は細かく、ボールを置く位置や足の向き、腕の伸ばし方にまで及んだ。ラックに入る

菅平合宿で指導する元木HC（2015年８月）

場合はボールの真上を通過するという基本をたたき込み、少しでも体の位置がそれると「オン・ザ・ボールや」と大声が飛んだ。

元木のコーチ就任は大きな刺激になり、確実に新風を吹き込んだ。だが、すぐに成績が上向いたわけではなく、チームは脱皮のさなかにあった。主将は三原亮太（4年、常翔啓光学園）が務め、三原と一緒にルーキー時代から活躍してきたＦＢ山下楽平（4年、常翔啓光学園）も最終学年を迎えていた。オープン戦は4勝8敗と大きく負け越し、菅平合宿も関東勢に3連敗。期待と不安の両面を抱えての開幕となった。

関西リーグ初戦となった関西学院大戦は前半6―14からの逆転勝ちで白星発進を飾ると、近畿大、天理大を下して3連勝。立命館大、同志社大に連敗したもの計5勝を積み上げ、関西3位に浮上し

2013年の関西リーグ、関西学院大戦（９月29日・宝が池球技場）

2013年の関西リーグ、関西大戦（11月23日・西京極陸上競技場）

て3年ぶりに全国大学選手権への道が開けた。

2000年代に入って浮き沈みを繰り返し、入れ替え戦に回ったりもしたが、このシーズンから大西が退任する2019年までは関西5位以上を保ち、全国大学選手権へ連続出場する。

限られた環境下で選手のレベルアップにつながればと、大西が打ち出した育成法の一つにニュージーランド留学がある。このシーズンはFB山下とCTB増田大暉（4年、新田）の2人が参加した。

NZ留学は、3年までの授業単位を着実に取得していることが条件になるが、対象になるのはトップリーグを目指し、卒業後も競技を続ける学生。大西が知人を介して手配する留学は3月から8月まで現地滞在し、一般家庭にホームステイして語学学校に通いながら、地元クラブチームでプレーするというもの。定位置が約束されている京産大で練習を続けるよりも、自由に時間を使える学生時代に見聞を広め、異国で貴重な経験を積むことで人間的にも大きく成長してほしいとの考えからだ。半年間ほど中心選手がチームから抜けるため、控え選手たちが春シーズンの試合に出場する機会が増える。国内に残る選手たちの発憤を促すことも目的の一つだ。練習で基本プレーを習得することはできるが、相手がいる実戦でしか学べないことも多い。中軸選手が帰国して合流した際に定位置争いが激化していれば、チームの力は底上げされたことになる。このシーズン以前には田中史朗（伏見工）らが参加し、後年には山本耀司（東海大仰星）、下良好純（東海大仰星）、森田慎也（洛北）、李智栄（大阪朝鮮）らも経験している。

このシーズンの第50回全国大学選手権はプール制が導入され、京産大は早稲田大（関東対抗戦2位）、中央大（関東リーグ戦2位）、大阪体育大（関西5位）との2次リーグから出場。12月8日、名古屋・瑞穂ラグビー場で中央大と対戦した。

8月の菅平では10―19で敗れた相手との再戦だったが、前半はミスが多く3―14とリードされた。だが後半は一転、ＦＷ戦で前に出るリズムを取り戻すと、3連続トライで一気

中央大戦を終えた元木と大西（2013年12月８日・瑞穂）

に逆転。だが、中大に2連続トライを奪われ22―28でロスタイムへ。FWが波状攻撃を仕掛けて相手ゴール前に迫り、最後はラック後方に身を潜めていたFB山下が飛び込んでトライ。逆転のゴールキックも決め29―28で振り切った。15日には再び瑞穂で早稲田大と対戦、18―48で完敗したものの後半途中まで1点差で粘る攻防を見せた。22日の大体大には31―24で快勝した。

試合を重ねるごとに大きく伸びたシーズンだった。元木コーチの就任に加え、NZ留学で山下、増田が一回り大きく成長、1年生から引っ張ってきた三原をはじめ、ロックの小川雅人（松山聖陵）、泉森直人（東海大仰星）ら4年生に好選手が多かったこともシーズン後半に成長した理由に挙げられるだろう。身長１９３センチの大型ロック泉森を大西は時間をかけて鍛え上げ、３年から試合に出場。早稲田大との試合後、元木コーチは「イズミ、良かったぞ。外国人選手みたいやったな」とダイナミックなプレーをたたえた。４強入りはできなかったが、久々の全国舞台で２勝を挙げ自信を深めた。

２０１４年は元木コーチがヘッドコーチに昇格、主将には１年から公式戦に出ていたＳＨ梁正秋（４年、大阪朝鮮）が選ばれた。大阪朝鮮高級学校は関西強豪として知られているが、ＯＢが大学ラグビーで主将を務めるのは初めてのこと。ラック付近から蹴り上げるボックスキックの弾道は高く、正確。何より強気なプレーが身上で、練習中でも熱が入ると取っ組み合いになることも。そんな負けん気の強い主将が再建途上にあるチームをぐいぐい引っ張った。

春のオープン戦は９勝４敗と好不調の波が大きく、８月の菅平も１勝３敗と不安定さが目立った。だが、うまく10月のリーグ開幕にピークを合わせ、16年ぶりの開幕５連勝。プロップ絹川誠吾（２年、洛北）、真野拓也（２年、東海大仰星）と李智栄（２年、大阪朝鮮）の両フランカーら若いＦＷをＳＨ梁、ＳＯ金榮均（４年、朝明）のハーフ団がうまく前に出した。前年の森田慎也（２年、洛北）に続いて高校日本代表の坂本英人（１年、御所実）が入学、バックスの得点力も上積みしていた。

雪が積もった神山球技場（2014年12月18日）

だが、好調の流れは第6節で止まってしまう。立命館大に15―28で逆転負け、勝てば優勝が決まった関西学院大との最終戦も13―33で競り負けた。関西2位として臨んだ第51回全国大学選手権は2次リーグから出場したが、流通経済大（関東リーグ戦1位）に7―55で大敗すると、慶応大（関東対抗戦4位）にも21―52で敗れ敗退が決定。開幕5連勝からの4連敗。「ここで負けたら1年間、一体何をしていたんや、ということになる」と大西は選手に奮起を訴え、最終戦は中央大（関東リーグ戦5位）に31―8で勝ち、白星で締めくくることができた。2次リーグ敗退という最終結果は前年と同じだが、後半に伸びた前シーズンとは違って中盤以降に失速したのが惜しまれた。

続く２０１５年は４月上旬の関西セブンズ選手権で優勝、２年生のＷＴＢ松井匠（東海大仰星）が爆発的なスピードでトライを重ね大きな注目を集めた。だが、西山直孝（４年、天理）が主将に就任したチームは春シーズンから黒星が先行、夏の菅平合宿も２勝２敗と伸びを欠いた。関西リーグは混戦模様となり、京産大を含む３校が３勝４敗で並んだ。ひと桁の得失点差で４位関西大、５位京産大、６位摂南大と決まり、３年連続の全国大会にぎりぎりで滑り込んだ。

第52回全国大学選手権は２次リーグから出場し、初戦で明治大（関東対抗戦１位）に14―53で完敗。立命館大（関西３位）に15―36、流通経済大（関東リーグ戦２位）に17―35で屈し３連敗で幕を閉じた。

この年の公式戦は３勝７敗と大きく負け越したが、スタメン出場した４年生は４、５人ほど。大学でフッカーに転向した主将の西山をはじめ、体重85キロと細身だったがロックとしてスクラムを支えた矢野泰成（朝明）、常にガッツあふれるプレーを見せたプロップ金亨志（大阪朝鮮）、１６８センチの小柄ながらパワフルな縦突破を見せたＣＴＢ木村翔太（新田）ら最上級生が踏ん張って支えていたことを書き記しておきたい。

大きな者を倒せ［2016］

「自分たちの足りないところを補ってほしい」と神戸製鋼から元木由記雄をコーチに招き指導面を強化した大西は、日本航空石川の留学生フェインガ・ファカイを勧誘し、さらなる戦力アップを目指していく。70歳で迎える定年までの在任中に打てる手段は確実に実行しておきたいと積極的に動いた。有力選手を勧誘するために、今まで以上に地方に出向く機会も増えた。自らの退任後を考え、今のうちに地盤強化を進めようという意図が明確に見て取れた。

2016年は主将となったフランカー真野拓也（東海大仰星）、李智栄（大阪朝鮮）、FB森田慎也（洛北）ら1、2年からレギュラーだった選手が最上級生となり、チーム力は充実していた。そこにロック伊藤鐘平（札幌山の手）、SH貴島由良（京都成章）ら花園で活躍した高校生が入学。伊藤鐘史の弟である鐘平を大西は少年時代からかわいがり、京産大が神戸で試合をする際には応援に姿を見せた。かわいらしい文字の応援メッセージを大西は目を細めて読み、「鐘平が入学してくるまで頑張らないと。彼と一緒に日本一になれたら」と表情を崩した。伊藤鐘平も自分が卒業する時に大西が70歳の定年を迎えることを知っており「日本一になって先生を胴上げしたい。自分たちが有終の美を飾る」と意欲を語っていた。

また、このシーズンからナンバー8のフェインガ・ファカイが加わった。かつてから外国籍選手はオリバー・カニーン（２００３年入学）らが在籍したものの、留学生を積極的に登用する帝京大や東海大、天理大などのチームづくりも意識し、大西は数年前から計画的な留学生勧誘に乗り出していた。大学側と推薦入学の条件、授業の支援体制、生活環境の整備などの話し合いを進め、高校側には受け入れ体制を丁寧に説明して回った。

この年のファカイに続き、17年にニコラス・ホフア（札幌山の手）、18年にバカラヒ・ゴードン（日体大荏原）、19年にアサエリ・ラウシ（日本航空石川）と１人ずつ、20年はヴェア・タモエフォラウ（札幌山の手）、テビタ・ポレオ（日本航空石川）の２人が入学した。「長男」であるファカイはまだまだプレーは荒削り、京産大の厳しい練習でようやく体が引き締まってきたところだった。だがゴール前など、ここという場面でねじ込む力強さはピカイチ。スクラム前で押し切れず好機を逃して歯噛みしてきた大西には期待の「大砲」だった。20歳以下日本代表にも選出されたファカイはきっちり４年で卒業、栗田工業でプレーを続けた。

開幕へ向けスクラム練習に熱が入る（2016年９月17日・神山競技場）

春のオープン戦は7勝1敗1分けと安定感を見せ、菅平合宿も3勝1と近年にない順調な仕上がりを見せた。開幕までの計14試合で黒星は5月の天理大戦と8月の中央大戦の2試合だけ。期待を集めて9月25日の関西リーグ開幕を迎えたが、序盤で連敗を喫しスタートダッシュに失敗した。

初戦は同志社大。柴田知宏（3年、桂）、中川将弥（3年、御所実）、細野裕一朗（4年、京都学園）が第1列で組むスクラムは終始圧倒、前半は21―7で折り返し優位に試合を運んでいた。リードしたままロスタイムに入ったものの、自陣での攻撃で「アドバンテージ・オーバー」のコール直後にノックオン。スクラムを起点とする最後の攻撃で同大に痛恨の逆転トライを奪われ31―33で敗れた。

続く2戦目の天理大戦も後半10分過ぎまで同点で競り合いながら、マイボールのスクラムからボールを奪われてトライされるなど3連続トライを許し、そのまま流れを見失って24―40で敗れた。ゲーム内容は悪くないものの、勢いに乗れそうで乗れない2連敗。「もう負けられない。ここからはリーグ戦ではなくトーナメント」と大西が引き締めると、選手たちも重圧をバネに強気のプレーを見せるようになり連勝街道を走った。11月12日の関西学院大戦は走り回って9トライを挙げ、防御も集中。57―0で完封勝ちを飾った。開幕2連敗から5連勝を飾って関西リーグ3位となり、5大会ぶりにトーナメント制に戻った第53回全国大学選手権に挑んだ。12月11日の花園ラグビー場、3回戦で明治大（関東対抗戦3位）との大一番を迎えた。

明大とは過去に6度対戦し全敗していた。最も記憶に残るのは１９９０年の第27回全国大学選手権、国立競技場での準決勝だろう。前半はスクラムトライを奪うなど15―3とリードして折り返しながら、吉田義人主将が率いる明大が後半はバックス勝負に転換。防御の甘さを突かれた京産大は15―29で逆転負けした。勝利への期待が大きく膨らみながら、そこから奈落の底へ突き落とされた無念さを大西は克明に記憶している。「重戦車ＦＷ」を誇る明大に毎回スクラム勝負を挑むものの正面からはじき返され、5―60（第36回）、14―53（第52回）と大敗するケースも目立っていた。２００７年の第44回大会ではホームである花園で対戦、33度の出場で唯一の完封負け（0―29）も喫している。

この大会に挑んだメンバーも、明大はスタメン15人のうち10人が高校日本代表や20歳以下日本代表などの経験者。京産大は森田、坂本の２人のみ。ＦＷ８人のサイズを比較しても体差は明大の８２３（平均１０２・９）キロに対し、京産大は７７９（平均97・４）キロで平均５・５キロも軽かった。身長も明大が平均３・８センチ上回っていた。明大は豊富な経験と卓越したスキルを誇り、京産大がアタックする前に個々のワンプレーが重い明大の攻撃に耐えられるか、というのが試合前の焦点だった。唯一、有利な点として考えられたのは、明大は１週間前に関東対抗戦の「早明戦」を終えたばかりであり、京産大戦に集中しきれていないのではという根拠のない楽観的なものだった。

14―19とリードされて迎えた後半。花園の空気を一変させたのは15分の同点トライ（ゴールキック成功で勝ち越し）だった。なんと自陣ゴール前からランとパスだけで90メートル以上を攻めきった。このビッグ・トライが歴史を変える大きな一歩になった。

後半12分。明大はラインアウトから連続攻撃を仕掛け、京産大陣深くに攻め込んだ。ゴールラインまで10メートルに迫る位置までボールを運べば、巨漢選手がそろう明大ＦＷのパワーの見せどころだ。だが、豪快に縦を突いてラックができた瞬間、追い詰められた京産大ＦＷは人数をかけて押し返しボール奪取に成功。場所は、ほぼ中央。ここから長い、長

鋭いランを見せるFB森田（2016年12月11日・花園）

い連続攻撃が始まった。

　パスを受けたSO高原慎也（4年、桂）が右へ開きながら走り、パスを受けたWTB浜田将暉（2年、京都成章）が右サイドを大きくゲイン、自陣10メートルラインまで挽回する。ここで左へ折り返し、FWが縦を突きつつ、2人飛ばしパスを受けたWTB坂本英人（3年、御所実）が左タッチライン際を快走しハーフラインを越えた。SH貴島は遅れずポイントへ駆け寄り、今度は右へ折り返す。ヘッドコーチの元木が普段から口酸っぱく言っていた「まず順目や。迷わずに順目を攻めろ。そしてフォローへ走れ」が着実に実践できている。

　右展開すると主将のフランカー真野

が縦を突き、パスを受けたFB森田が持ち前の軽やかなステップワークでするすると抜けて敵陣10メートルラインを越えた。ここで再び右へ散らすと、右タッチライン際でCTB下良好純（4年、東海大仰星）が得意のハードプレーで明大バックスに正面から当たり、相手に乗っかかるように前進していく。敵陣22メートルライン付近で折り返し、今度は左へ展開。森田、FL李智栄が絡んでゲインを切りつつ、ここで初めて逆目に振って右展開しFWも加わって小刻みに前進、右サイドでは再び下良だ。そして次の左展開でチャンスが訪れた。

勢いに乗って走り込んできた森田がタイミング良くボールをもらい、ダミーパスで相手ディフェンダーの意識を引き付けたところで左に併走してきた李にショートパス。ノーマークだった李はそのまま10メートルほど走り、明大ゴールラインまで5メートルに迫った。貴島はすぐにパスアウトし、さらに左へ、右へと散らす。ラックからナンバー8のファカイがボールを拾い上げて突進、体を浴びせるように突っ込んでいく。タックルを受けて倒れそうになりながらも踏みとどまり、絶好のタイミングで左に顔を出したHO中川将弥（3年、御所実）へオフロードパス。一瞬、ボールが暴れたものの中川は冷静に胸で抱きとめ、ゴール下に回り込んでトライした。

ターンオーバーから、ここまで実に16フェーズ。時間にして2分22秒。後半は強い風下に立たされ、キックという選択肢を考える余地はなく、全員がつないでいくイメージを共有しやすかったと言えるだろう。ノーミスの連続攻撃は、観衆4742人の多くを味方につけることに成功した。番狂わせ、アップセットに欠かせない「ひょっとすると…」という会場の雰囲気は、このワンプレーで生まれたのだ。

試合の序盤は明大に主導権を握られた。前半3分、CTB梶村祐介（3年、報徳学園）に左タッチライン際を個人技で突破され先制トライ。続く7分にはラインアウトから明大FWに次々とゲインを突破され、連続トライを許した。京産大は防御の人数を揃えタックルを決めていたが、明大FWは倒れずに接点で食い込んできた。やはり、大きくて、重い接点でのプレーに対応できない――。試合開始から10分足らずで0―12。もし三つ目のトライを奪われると、大敗する危険性すら広がってくる。得意のスクラムは一進一退で、突破口を見いだせない。この窮地を救ったプレーはもう一つの武器、モールだった。

前半25分過ぎ、敵陣10メートルライン付近でラインアウトの投入権を得た。ジャンパーはルーキーだった長身188センチの伊藤鐘平で、跳んで競り合ってきた明大FWをうまくかわしてボールを確保。競り合った分だけ明大は防御が遅れ、その隙を突いて京産大FWは素早くモールを動かし22メートルラインの内側に侵入した。モール解消となる寸前で、最後尾に身を隠していたファカイが渾身のサイドアタック。ここからFWがラックを重ねてゴール前まで運び、最後はファカイと体を密着させた真野が2人1組の「ニコイチ」になってトライに飛び込んだ。モールは通用する、「ニコイチ」なら突破できる――。このプレーがきっかけとなり、ようやく明大と互角に渡り合う手応えをつかんだ。

続く31分。今度は右サイド、明大ゴールラインまで残り10メートルの地点でラインアウトの好機を迎えた。ゴールラインが近く、今度は明大が球の確保を競り合わないと予測した京産大FWのジャンパーは山野将太朗（4年、京都成章）。高さでは伊藤に劣るものの推進力は最強の「モール・エンジン」だ。悠々とボールをキャッチすると着地と同時に、防御しにくいよう低く組んだモールをけん引。背中で明大防御の圧力を感じながら、ゴールポストへ向かって一気に斜行させ、そのままトライに結びつけた。同じモール攻撃でもジャンパーを使い分けることでより効果的に威力を発揮し、連続トライで14―12と初めてリードを奪った。

38分、明大に3本目のトライ（ゴール）を奪われ14―19と5点ビハインドで折り返したが、不安を感じていた選手はいなかったはずだ。自分たちの形で取れた前半の2トライが大きな自信になっていた。

後半は風下に回ったが、15分に先述した90メートルをつなぐトライ（ゴール）で21―19と逆転。明大も25分にSO堀米航平（3年、流経大柏）がPGを決め再び試合をひっくり返した。その3分後、京産大は攻め込まれた自陣で伊藤のタックルがノックオンを誘い、

後半28分、WTB坂本が70メートルを独走、逆転トライを決める

こぼれ球をWTB坂本がキャッチ。そのまま70メートルを走り切って26―22と逆転に成功した。

このままリードを保って逃げ切ろうと、少しでも攻撃の手を緩めれば明大の猛反撃に遭うことは目に見えている。風下でキックは有利に働かないため、モールで攻める機会は減った。そこでキーになったのは、やはり時間をかけて鍛えてきたスクラムだ。前半から「細野（裕一朗）、上がれー（前に出ろの意）」とコーチの田倉政憲が大声で檄を飛ばし続けたように、全てのスクラムをフルパワーで押してきた効果が見え始めていた。

後半30分は自陣10メートル付近から20メートル近くを押し続け、明大FWを散り散りにしてアドバンテージまで得た。36分には故意

第53回全国大学選手権・3回戦

2016年12月11日・花園ラグビー場

京産大 前半	京産大 後半	京産大 26	14-19 12- 3	明治大 22	明治大 前半	明治大 後半
2	2		T		3	0
2	1		G		2	0
0	0		PG		0	1
0	0		DG		0	0
14	12		スコア		19	3

	京産大		明治大	
1	柴田③	FW	祝原②	1
2	中川③	FW	佐藤④	2
3	細野④	FW	塚原④	3
4	伊藤①	FW	尾上④	4
5	山野④	FW	古川③	5
6	C真野④	FW	田中④	6
7	李④	FW	C桶谷④	7
8	ファカイ①	FW	前田③	8
9	貴島①	HB	兵頭④	9
10	高原④	HB	堀米③	10
11	浜田②	TB	山村①	11
12	松本④	TB	梶村③	12
13	下良④	TB	尾又④	13
14	坂本③	TB	矢野①	14
15	森田④	FB	渡部③	15

○数字は学年

勝敗の鍵を握ったスクラム

に崩すコラプシングを誘ってピンチを脱した。前半から重圧をかけ続けていけば「重戦車」の勢いを削ぐこともできる。大西の信念と京産大FWの執念が実ったと言っていい。前半に生きたモール、後半に実ったスクラムの優位性がなければ明大の最後の攻撃を耐え切れていたか、どうか。

最後の4分は自陣に釘付けにされ、相手の攻撃をしのぐことに集中するほかなかった。FWとバックスが一体となった「紫紺」の総攻撃を止めきれず、「赤紺」がゴールライン際まで押し込まれる場面が何度も続いた。だが、観客席からは「京産、京産」の応援コールが響き、選手たちの前に出て行く闘志も衰えていなかった。2013年から加わった元木と大西が当初から意気投合していたのは「前に押し上げる防御」の有効性だ。体の大きくない京産大は、間合いを素早く詰めて相手の勢いと考える時間を奪ってしまう必要がある、と考え方は一致していた。開始から80分を超えて足が止まるどころか、選手たちは闘志満々のタックルを放ち続けていた。

逆転トライを狙い、明大FWが縦突進を繰り返す。センター松本拓也（4年、大阪商業大付）が必死のタックルで対抗する。わずかにサポートが遅れた密集で、フランカー李が両腕を伸ばしてジャッカルに入った。しっかり自立した姿勢を保ち、相手ボールに両手で働きかける。李は後半5分、同じような場所でジャッカルを成功させている。そのイメージも残っていたはずだ。ノット・リリース・ザ・ボールを告げる笛が鳴り、選手は喜びを爆発させた。最後のタッチキックを高原が右サイドへ蹴り出してノーサイド。選手も、大西も両腕を突き上げた。

大西と元木は2人とも泣いて抱き合った。いつも厳しい表情を崩さない元木は「（母校である）明大に勝ったとかは関係ないです。選手はよく我慢した。彼らは、まだまだ成長できる」と声を詰まらせた。

痛恨の逆転負けを喫した1990年の大学選手権での一戦を大西は思い出していた。

「当時、明大1年だった元木君が試合に勝って泣いて喜んでいたのを覚えています。その元木君と明大に勝って、一緒に泣いて喜べる日が来るとは」。あれから、26年。何度跳ね返されても、情熱の炎を絶やさず挑戦を続けてきたチーム関係者の思いがつながり、ついに明大を倒した。初冬の柔らかい夕陽が差し込む花園で、男泣きした大西は「小さな者が大きな者を倒すウチのラグビーができた。見ている人に勇気を与えられた」と万感の思いを込めて振り返った。80分間、京産大は選手交代なし。なんと先発した15人だけで明大との死闘を制した。

続く準々決勝は12月17日に秩父宮ラグビー場で東海大（関東リーグ戦1位）と対戦した。この一戦は京産大の攻撃の起点であるスクラムを完全に封じられ、攻め手を失った。前半39分にはプロップ最重量117キロの酒井健汰（3年、春日丘）を投入、何とか局面を打破しようとしたが流れを変えられないまま12—71で大敗した。

試合後、東海大の木村季由監督は「京産大と明治大の3回戦を花園で観戦したが、すごい雰囲気の試合だった。京産大のペースに引きずりこまれると大変なことになると思っていたので、スクラムを押されないことに集中した」と振り返った。東海大はスタンドオフに真野主将の弟・真野泰地（1年、東海大仰星）が入り、後に日本代表入りするWTBアタアタ・モエアキオラ（2年、目黒学院）を擁するなど抜群の総合力を誇っていた。明大との3回戦に全エネルギーを注いだ京産大は、準々決勝まで中5日という短い準備期間で再び力を蓄えることはできなかった。

大西は試合後、「(明大に) 勝って泣いてしまったら次の試合に勝てないことは分かっていたんです。でも、涙が出るほどの思い入れがなければ勝てない試合もある。そこが難しいですね」と淡々と話した。

激闘、再び【２０１７〜２０１８】

前年に明治大という大きな山を乗り越え、２０１７年は勢いに乗ってスタートを切った。多くの４年生が抜けたものの、フランカー武田知大（３年、尾道）、ＣＴＢ田畑凌（３年、報徳学園）という新たな軸が育っていた。空席になったポジションはチームにとって弱点になりがちだが、選手個々には自分が奪うチャンスとなる。ロングキックとトリッキーなランで縦に抜けていく中村悠人（２年、東海大福岡）がスタンドオフに抜てきされるなど、新しい顔ぶれの選手たちがチームを活気づけた。主将は中川将弥（４年、御所実）。春シーズンは12勝２敗と危なげなく白星を並べ、菅平合宿も流通経済大、中央大などに４連勝。自信を持って開幕を迎えた。

関西リーグでは序盤から白星を並べて３年ぶりの５連勝と好調を維持した。関西学院大に終了間際の連続トライで35―33と逆転勝ちする際どい一戦もあった一方で、続く同志社大戦は11トライを重ね73―19で圧勝。京産大がＡリーグに昇格した１９７４年から大西が引退する２０１９年まで、同志社大とは関西リーグで47試合（順位決定トーナメント含む）

2017年の関西リーグ、同志社大戦（11月５日・鶴見緑地球技場）

を行い、京産大の13勝34敗。この年に挙げた73点は最多得点で、50点以上を初めてスコアした試合でもある。だが、５勝同士でぶつかった天理大との優勝決定戦は７―45で完敗。６勝１敗の関西２位で第54回全国大学選手権に出場した。

12月16日、大阪市のキンチョウスタジアムで行われた３回戦で、法政大（関東リーグ戦４位）と対戦した。関西リーグ最終節の近畿大戦で負傷した中川主将に代わりフッカーには宮崎達也（３年、伏見工）が入った。試合開始から一方的に流れは法大に傾き、３連続トライと１ＰＧで０―24。前半25分、31分にモールで２トライを返し、34分に田畑のトライ（ゴール）で19―24と追い上げた直後の

前半33分、CTB田畑がトライ。ゴールも決まって19―24と追い上げる
（2017年12月16日・キンチョウスタジアム）

ことだった。プレーが途切れた時、ナンバー８のファカイが相手選手の顔をすれ違いざまに手の甲で触る場面があった。相手をたしなめるような仕草に見えたが、レフェリーは「頭部への殴打」と認定してレッドカード（退場）を出し、京産大は14人で戦うことになった。

スクラムは８人で組むルールがあり、スクラムを組むたびにＣＴＢ田畑やＷＴＢ浜田将暉（３年、京都成章）らバックスがフランカーの位置に入った。それでも後半に５トライを重ね55―31で法大を振り切った。ただ、レッドカードは２試合の出場停止となるため、ファカイは準々決勝の明治大戦を欠場することになった。ファカイは関西リーグ初戦の摂南大戦であごの骨を折って戦列を離れ、

後半9分、モールで前進する（2017年12月23日・キンチョウスタジアム）

ようやく復帰した試合での出来事だった。奮起を誓っていたファカイにも、明大戦を前に貴重な突破役を失ったチームにも、痛い出場停止処分となった。

翌週23日、再びキンチョウスタジアムで、明治大（関東対抗戦2位）と準々決勝を戦った。前半は強い風上に立った明大がPG2本を決めて先行、京産大も強固なディフェンスを見せて0―6で折り返した。後半に入って試合が大きく動いた。京産大は得意のモール攻撃で明大ゴール前に迫ると認定トライを奪い7―6と逆転に成功、15分にはプロップ酒井のトライ（ゴール）で14―6と突き放した。だが、そこから明大に3連続トライを許しスコアをひっくり返された。32分にWTB坂本がトライを挙げて詰め寄ったものの、21—27で逃げ切られた。

明大に勝つ条件として、大西は三つのテーマを選手たちに提示していた。磨いてきた自慢のセットプレー、体をぶつけ合う接点で相手に負けないこと。そして懸命にプレーするひたむきさで上回ること。後半20分過ぎまではリードを奪い、三つのテーマを確実に実行できていた。だが、リードされても明大は沈着冷静で、巧みにボールを動かしながら京産大防御の綻びを突いてきた。2年続けて関西では負けられない、という伝統校の意地を見せた。

2シーズン続けて明大と激戦を繰り広げたことで、翌2018年も大きな期待を集めた。さらに、2002年の主将で、3年前のW杯日本代表に名を連ねた伊藤鐘史が神戸製鋼からFWコーチとして加わった。大西を筆頭にフルタイムコーチの元木と伊藤が脇を固め、週末にはスクラムコーチの田倉政憲が、菅平合宿には臨時コーチとして広瀬佳司も顔を見せる。タックル、ラインアウト、スクラム、キックを専門とする歴代の日本代表がずらりと顔をそろえ、大西は伊藤コーチの就任記者会見で「(大学選手権9連覇中だった) 帝京大への宣戦布告です。本気で倒すんだという意思表示でもあります」と説明した。「スタッフの豪華さは日本一でしょ。どこにも負けませんよ。本気で日本一を取りに行くんだとい

キックを指導する広瀬（2018年８月26日・菅平）

う学生へのメッセージでもあります」と真顔で話した。

昨年のスクラムを支えた両プロップの柴田知宏、酒井健汰が卒業し、春先の最大テーマは新たなプロップ育成だった。スクラムを最前列で支える第1列は専門性が高いためコンバートが難しく、トレーニングに時間がかかる。その大変さを肌で知る大西は2月から多くの時間を割いてきた。サイズに恵まれたルーキーに期待をかけた時期もあったが、夏頃には岡留圭吾（4年、常翔学園）、松本幸志郎（4年、東福岡）、寺脇駿（3年、日本航空石川）の3人がレギュラー候補に名乗りを上げた。特に岡留は大西が付きっきりで厳しく指導、胃の中のものを戻すほどのハードワークを乗り越え、めきめきと強さを増した。

スクラムの完成に不安を残していたが、主将のロック上田克希（4年、東海大仰星）がFWをしっかりまとめ、春シーズンは7勝2敗、夏の菅平合宿も3勝1敗とまずまずの成績を残している。

関西リーグは開幕戦が台風の影響で1週間順延するアクシデントに見舞われたが、この時間も大西は徹底的にスクラム練習に費やした。開幕戦の相手は同志社大。スクラムで優位に立って試合を運ばなければ勝利は厳しいと踏んでいた。突然の日程変更のため関西協会は会場探しに苦労し、割り当てられたのは滋賀県東近江市の布引陸上競技場。さわやかな秋晴れの下、グリーンが映える天然芝のグラウンドで試合は始まった。

前半は京産大が狙い通りにFWの優位さを生かして3トライ、21―12とリードして折り返した。だが、後半は同志社がテンポを取り戻し2分、23分の連続トライで21―26と逆転に成功。互いに白星で飾りたい開幕戦、その後は一進一退の攻防が続いた。

5点を追う京産大は36分、相手ゴール前10メートルでラインアウトを得た。主将の上田がFWを集め、攻め方を意思統一。もちろんモール勝負を仕掛けることは味方も、相手も、観衆も分かっている。あえて確認したのは「FWで決める」という覚悟だ。当然のようにモールを押し込み、崩れてもサイドを繰り返し突く。少しずつゴールラインに迫り、抜群の推進力を誇るフランカー武田知大（4年、尾道）が飛び込んだ。FB栢本光（3年、天

2018年の関西リーグ、天理大戦（11月24日・西京極陸上競技場）

理）が冷静にゴールキックを決め28―26で勝利。トライは同数の4本、ゴールキックの成功数が明暗を分けた。

同志社大戦で自信をつかむと、開幕から4連勝。第5節で立命館大に競り負けはしたが1敗をキープ、第6節の神戸ユニバー記念競技場での関西学院大戦には京都から新神戸まで新幹線で向かった。わざわざ新幹線を使って会場入りしたのは重要な試合に向け気持ちを高めてほしい、という大西の取り計らいだった。

最終節は、勝てば優勝という天理大との一戦。SO中村悠人（3年、東海大福岡）、FB栢本がキック戦を優位に運んでエリア取りに成功、栢本の2トライで前半は12―14と狙い通りの接戦に持ち込んだ。だが、後半は天理大のナンバー8ファウルア・マ

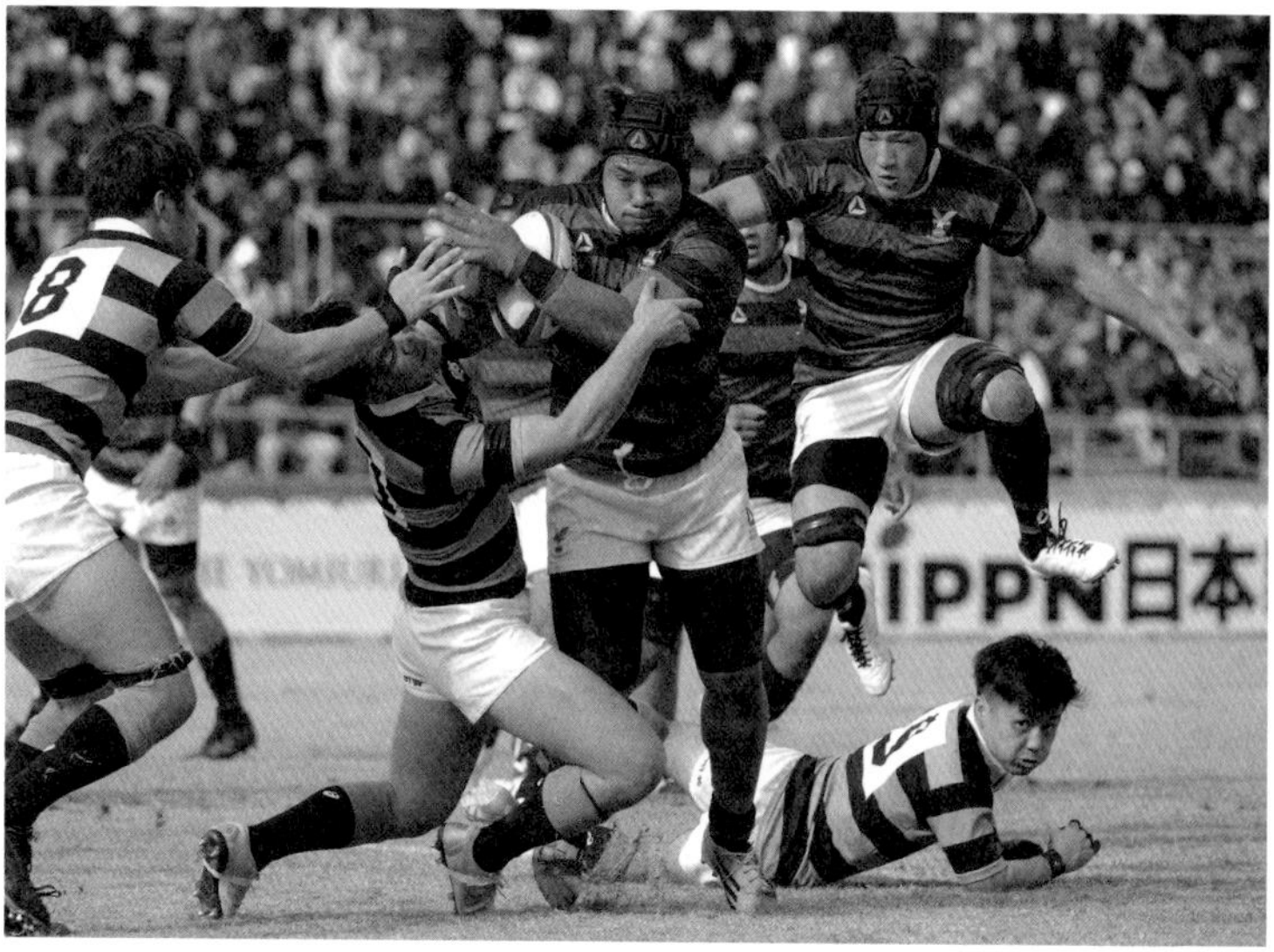

前半、豪快な突破を見せるファカイ（2018年12月16日・キンチョウスタジアム）

キシ（4年、日本航空石川）、CTBシオサイア・フィフィタ（2年、日本航空石川）ら強力ランナーを止められず、8トライを奪われ12―70で大敗した。

自分のペースで戦うと無類の強さを発揮するものの、強豪相手に一度リズムを乱すと立て直せないまま一方的に突き放される試合も多い。入念に絞り込んだシンプルな戦術プランを徹底することで数多くのアップセット（番狂わせ）を実現したが、持ちこたえられない場合は崩壊してしまう。悔しさの残る最終戦となり、5勝2敗の関西3位で第55回全国大学選手権へと進んだ。

12月16日のキンチョウスタジアム、3回戦の相手は慶応大（関東対抗戦3位）だった。前半は12―21とリードされたが、後半はFWがアクセル全開、一気にペースを引き寄せた。後半4分に栢本がPG成功、9分にはフランカー武田のトライで20―21と1点差に詰め寄った。接点の攻防で京産大FWの勢いが上回り、逆転も視野に入ってきた。

ところが後半20分過ぎ、京産大が攻めようとしたマイボールのスクラムで反則を取られ流れが急変した。じっと耐えていた慶応大は集中力を高め、ラインアウトから強固なモールを組んで一発でトライ。スコアを取り返そうと焦る京産大の反則を誘発し、数分後にもモールトライで追加点を挙げた。京産大は自分たちが得意とするトライパターンを奪われペースダウン。35分にWTB藤野毅郎（4年、流経大柏）が1トライを返したが、25―43で力負けした。

試合後、慶応大の古田京主将（4年、慶応）は、1点差に迫られたピンチの場面を振り返り「昨年、一昨年に（京産大と戦った）明治が苦しむ映像を見て、京産大ペースになって我慢する時間が必ず来ることは分かっていた。それを乗り越えて、自分たちの糧にしようと考えていた」と冷静に振り返った。個々に突出した選手がいるわけではないが、勢いだけではなく、80分のゲームを冷静にコントロールしようとする意識の高さ。また、それを実戦で発揮できるしたたかさ。ルーツ校ならではと言える懐の深さを見せつけられた一戦だった。

ラスト・シーズン［2019］

2019年12月15日、埼玉・熊谷ラグビー場。数分前にノーサイドの笛が響き、第56回全国大学選手権の3回戦で京産大の敗退が決まっていた。まだ午後4時前だというのに大きく傾いた冬の日差しが、赤紺ジャージーを着た選手たちを照らし出していた。思わぬ幕切れを迎え、グラウンドでむせび泣く選手たちを監督の大西は抱きかかえながら語りかけた。そんなことは初めてだった。

シーズン最後の大学選手権で敗れれば、その試合が1973年から47シーズンに渡って指揮を執ってきた大西のラストゲームになる――。その瞬間が訪れた意味を悟って、ナンバー8のフェインガ・ファカイ（日本航空石川）は人目をはばからず大声を上げて泣いた。大西と同時に今年でチームを去る伊藤鐘平（札幌山の手）ら4年生たちも、もう一緒に練習することのない3年生、2年生、1年生も泣いていた。

「みんな、ありがとう。フェインガ（ファカイ）、ほんまにお前、よう頑張ったな。これで一緒に卒業や。胸を張って卒業しよう。寺脇（4年、日本航空石川）もようやったやな

試合後、選手をたたえる大西（2019年12月15日・熊谷）

いか。（田中）利輝（3年、東海大仰星）、頑張らないとあかんぞ。いいか、来年は勝てよ。勝たなあかんぞ。ありがとう、みんな」

最後のメッセージを伝えると、選手たちの手で胴上げが始まった。「日本一になっていないから」と大西は拒んだが、「（もう公式戦に出られない）卒業する4年生たちだけで」という申し出は断れなかった。小さく、2度。大学選手権優勝という目標を監督就任当時の部員たちと掲げ、その目標をただひたすら追い求めてきた。誰よりも強くこだわり続けてきた「日本一」という夢を選手と一緒につかみ、その手で胴上げされたかったはずだ。でも、大西に挑戦するチャンスはもう残されていない。

「おおにし！おおにし！おおにし！」。期せずして、京産大ファンが詰めかけたメインスタンド右側から大西コールが沸き起こった。大きな赤紺の応援フラッグを振って泣いている人もいれば、必死に名前を叫んでいる人もいる。日本大（関東リーグ戦２位）との３回戦に勝って21日の準々決勝は花園ラグビー場で早稲田大（関東対抗戦２位）と４強入りをかけてぶつかる――。そんな期待を寄せながらも、負けてしまえば大西ラグビーの見納めになってしまう。そう思いながら、関西から駆けつけた人も少なくなかった。

日本のラグビーは典型的なカレッジスポーツとして発展してきた歴史があり、新興大学は伝統校に挑戦することで自らの歴史をつくってきた。１９６５年創部と歴史の浅い京産大も同志社大や関東勢に挑むことで自らの道を切り開いてきた。何度跳ね返されても諦めず、一つずつ勝利を重ねてきた京産大には長く応援を続けている熱心なファンも多い。実際にグラウンドでプレーするのは選手だが、目標の日本一を目指してとことん努力しながら果たせず、卒業していく選手の思いを引き継いできたのは監督の大西だ。その大西が現場を離れることの意味を熊谷のファンは理解していた。絶叫のような大西コールがこだまするメインスタンドに向け、大西は深々と頭を下げた。

試合後の記者会見で、大西は言葉を選びながら敗因を潔く語った。「どうしても勝ちたい試合でしたが、日大の素晴らしい闘志、ボールへの執着心にバックスまでプレッシャーを受けている状況でした。ある意味で圧倒されたと思います。選手は一生懸命、闘ってくれました」。指導者生活が終わった感慨を尋ねられると「きょうで終わるつもりはなかったんですけど」と苦笑いを浮かべつつ、「必ず勝って花園に帰ろうというのを、チームの合言葉にしていまして。だから（退任する）言葉を何も準備していませんでした。仕方ないですね。47年間やってきましたが、きょうで終わりです。ただ、ファカイが泣いているのを見て、感情が高ぶりました。彼が泣くのを初めて見ましたから。ああ、自分が最後だから泣いてくれているのかなと実感しました」。スタンドの大声援について聞かれると「私のような者を47年間もラグビー界に置いて頂いた。そして、応援して頂いた。感謝しかないです。どういう形で感謝を恩返しできるか分かりませんが。本当に感謝しています」。いつものように柔和な表情で話した。

大西は2020年3月で大学教授として定年を迎え、2019年がラスト・シーズンになることは数年前から話題になっていた。伊藤鐘平ら2016年に入学してきた選手には大西が自ら「おれと一緒に卒業するぞ。分かってるか?」と冗談めかして話しかけた。数年前からテレビや新聞で「名物監督のラストイヤー」として特集番組や記事で取り上げられもした。

1年ごとに入れ替わるメンバーで、毎年勝負を繰り広げる大学スポーツ。その年々の学生たちと一緒に挑戦してきた大西だが、退任が近づくにつれ自分が現場を離れた後のことを口にすることが多くなった。この数年の関西Aリーグは各校が強化に力を入れ、実力差は接近。長く率いてきた自分が現場を去れば必ず京産大はターゲットにされると考え、選手の勧誘、発掘により力を注ぐようになった。近畿はもちろん北陸や北海道、九州にまで足を伸ばし、従来に増して高校の指導者と連絡を取り合うようになった。チームの大黒柱となるプロップの育成にはより多くの時間を割き、「楽しみな下級生も増えてきました。これで数年は大丈夫ですよ」と話していた。

ラストイヤーを迎えるにあたり、大西には小さな不安があった。豊富な経験を持つコーチ陣が他大学では例を見ないほど集まっているが、それぞれが手腕に自信があるだけに一つにまとまりきれていないのではないか？というものだ。元日本代表の元木由記雄、伊藤鐘史、田倉政憲、広瀬佳司らをはじめ、ＯＢでジュニア育成を担当する北畑勝大、野球の米国大リーグやトップリーグ神戸製鋼も担当したトレーナーの淡路靖弘、ウエートトレーニングを担当する鳥居義史ら、他校がうらやむ専門職がそろう。充実の布陣に見えるが「船頭多くして船山に登る」のことわざもある。コーチの人数が増え担当が細分化された一方で、チームを最優先に考えてひたむきに勝利を目指す京産大らしい一体感が薄れているのではないか、と大西は感じていたのだ。

2019年の菅平合宿（８月23日）

そこで、本格始動を控えた3月のスタッフ・ミーティングで大西は「今年はおれのラストシーズンや。最後まで、おれの戦い方で日本一を目指したい。そのために、みんなの力を貸してくれないか？」と頼んだ。あえて自分のラストシーズンだと強調することで、スタッフに団結を呼びかけたのだ。自分を勝たせるためにコーチが必死になってくれれば、チームは自然にまとまるだろうと。本当は自分の退任など全く関心はなく、チームが躍進するためのエネルギーになればというのが本音だった。

だが、そんな大西の不安は最後まで消えることなく、「ラストイヤー」は波に乗りきれないまま終焉を迎えることになる。レギュラーも、控え選手も、応援席のブレザー組も、監督も、コーチも、スタッフも、マネジャーも。どうすれば全員の力を一つにまとめられるのか。自分たちが一つになれなくて、自分たちより大きな相手にどう立ち向かうのか。ラグビー・チームが常に抱える根源的な問題に大西はラスト・シーズンも悩み続けた。

２０１９年の国内シーズンは変則日程で行われた。９月20日に開幕し、11月２日まで熱戦を繰り広げたラグビーW杯の期間中は全てのリーグや試合が中断。関西大学リーグは８月31日に開幕、京産大は９月１日に関西学院大と顔を合わせたが、17―28で敗れ黒星スタートとなった。６月のオープン戦で伊藤主将が足首を骨折して離脱、ボール確保の中心となるジャンパーを欠きラインアウトが安定しなかった。W杯で中断するまでの前半戦を３連勝で乗り切り、伊藤主将の復帰を待つというプランは早々と崩れた。

平野叶翔（２年、西陵）、宮崎達也（４年、伏見工）、寺脇駿（４年、日本航空石川）のフロントローは入念にスクラムを組み込み、大半の相手を押し込めるまでに成長。８月の菅平合宿では明治大との合同のスクラム練習も経験し、自信を得ていた。アサエリ・ラウシ（１年、日本航空石川）や田中利輝（３年、東海大仰星）らFWの戦力は整いつつあったが、前シーズンからCTB田畑凌（キヤノン）、WTB浜田将暉（東芝）が抜けたバックスは完成が遅れているように見えた。

それでも大阪体育大、近畿大に快勝。W杯中断をはさんで摂南大、同志社大も下して４連勝。同志社大には初めての３シーズン連続勝利という記録もついた。だが、例年であれ

2019年の関西リーグ、天理大戦（11月30日・西京極陸上競技場）

ば調子を上げていく終盤になっても試合運びがどこか落ち着かず、立命館大、天理大に連敗。4勝3敗で関学大と並んだが、直接対決の結果で関西4位になった。この年の全国大学選手権は関西3位までが自動的に出場でき、前年に天理大が決勝進出した実績から4位まで出場枠が広がっていた。危うく出場を逃すところだったことからも、思うようにチームづくりが進まなかったことがうかがえる。

　このシーズンも選手は熱心にトレーニングに打ち込み、各コーチも選手を支えた。「準備できることは全て行う」という信念でチームをつくってきた大西は最後の年も情熱の限りを注ぎ込んだ。W杯でのリーグ中断時期には関東遠征を行い、慶応大と練習試合を組んだ。大学選手権を見据え、関東勢のプレーや試合の組み立て方に慣れることが目的だった。負傷者が出れば自費で鍼灸医に通わせ、リーグ初戦から栄養合宿を行って万全の準備を進めてきた。関西リーグではちぐはぐだった試合運びも、大学選手権では一皮むけて成長するのではないかという期待も膨らんでいた。初戦の日本大に自分たちのラグビーでしっかりと勝ち、準々決勝は「ホーム」である花園で早稲田大を迎え撃つことができれば。だが負けてしまえば、それが4年生と大西のラストゲームになる。そんなチームの命運を背負って日大との一戦は始まった。

全国大学選手権で日大とは過去に3試合を戦い、京産大の2勝1敗。全国大学選手権で初めて勝った相手も1983年の日大だった。だが、最後に対戦したのは1995年で、今回の対戦は24年ぶり。創部90年を迎えた日大は一時の低迷期から脱却、このシーズンは関東リーグ戦2位と躍進していた。京産大とは2016年から毎年夏の菅平合宿で練習試合を行うほか、17、19年は「強力スクラムを肌で学びたい」と6月に京都遠征するほどの熱の入れようだった。鍛えたスクラムを武器にスケールアップに成功しており、FW戦の優劣が試合展開を左右すると見られていた。

タッチフラッグが大きく傾く強風下での一戦、前半の京産大は風下に立った。1分、ラインアウトから両ウイングがラインに加わるサインプレーが決まり、WTB堀田礼恩（2

年、京都成章）が幸先良く先制トライを挙げた。だが10分に同点トライを奪われると、ペナルティからのタッチキックが逆風でノータッチになるミスが相次ぎ、少しずつリズムは日大に傾いた。

試合の行方を大きく左右したのは12―17で迎えた前半終了間際の攻防だった。京産大が日大ゴール前まで攻め込み、FWが次々に縦を突くピックゴーやスクラムでトライを狙ったが、最後は自分たちの反則で攻撃が途切れた。力勝負のFW戦を繰り返して勝負に挑んだものの、意表を突くプレーはなく防御側も意識を集中させているように見えた。試合後、PGで3点を加え点差を詰める考えはなかったかと問われた大西は「本当の意味で制さなければならないFW勝負の場面でした。自分たちの考えは全く揺るがなかった」と即答した。

得意のFW戦でトライを取り切れなかった京産大は後半も思い描いたプレーはできず、互いに1トライずつを挙げ19―24で初戦敗退が決まった。前半は強く吹いた風が、後半に入って急に弱まるという不運もあった。試合後の記者会見で伊藤主将は「日大もFW戦は強いチームということで、負けないという気持ちでプレーしました。ただ要所、要所で自分たちにミスが出てしまった」と悔しそうに語った。

鍛えたFWを前面に出して闘う京産大のラグビーはできたかと問われると、大西は率直に答えた。「そうは思わないですね。でも、彼らは最大の努力をしたと思います。例えば

第56回全国大学選手権・３回戦

2019年12月15日・熊谷ラグビー場

京産大 前半	京産大 後半	19	12-17 7-7	24	日本大 前半	日本大 後半
2	1		T		3	1
1	1		G		1	1
0	0		PG		0	0
0	0		DG		0	0
12	7		スコア		17	7

	京産大		日本大	
1	平　野 ②	FW	C 坂　本 ④	1
2	宮　崎 ④	FW	藤　村 ③	2
3	寺　脇 ④	FW	新　井 ②	3
4	C 伊　藤 ④	FW	オ　ト ②	4
5	ラウシ ①	FW	趙 ②	5
6	田　中 ③	FW	長　谷 ③	6
7	城　間 ③	FW	須　藤 ④	7
8	ファカイ ④	FW	ハラシリ ②	8
9	広　田 ②	HB	村　上 ③	9
10	山　内 ④	HB	吉　田 ④	10
11	笹　岡 ②	TB	呉 ③	11
12	中　村 ④	TB	斉　藤 ③	12
13	ゴードン ②	TB	クワーク ②	13
14	堀　田 ②	TB	杉　本 ④	14
15	栢　本 ④	FB	普久原 ①	15

○数字は学年

3番の寺脇。彼は日本航空石川高校では補欠だったが、ウチに来て努力して、努力して。ある意味で、きょうは（スクラムで対面した）相手1番を凌駕していたと思います。晴れ舞台で3番を誇れるようになりましたから。そういう意味では、自分たちのラグビーをやれたかな、とは思います」と力を込めて答えた。

質疑応答のテーマが日本一という目標を果たせなかった、という結果に移った時のことだ。大西はマイクを握りしめて語り始めた。「実は勝って（日本一になって）言おうと思っていたことがあるんです。日本一になることはすごく大きな意味があることだと思うのですが、それが全てではない。日本一になるために最大の努力をすること、どれだけ努力をしたかということに意義があると思っています。そういう意味では、我々はずっと日本一になる努力をしてきましたから、その部分には卒業生を含めて悔いはないです。勝って言わないといけないことなんですが（笑い）。本当に勝つための最大の努力をしてきたつもりでいますから。どんなメンバーでも、どんなチーム状況でも日本一を目指す。いつ、いかなる場合でもチャンピオンシップを目指して来ましたから、その意味では悔いはないです」。47年に及ぶ長い指導者生活に終止符を打つ場面で、初めて自分の本音を打ち明けた。このことを本当に伝えたかった相手は目の前にいる記者たちではなく、多くの汗を流してきたOBや現役学生たちだったはずだ。

日本大に敗れ、グラウンドを見つめる大西と中川

関西Aリーグ46シーズンで通算209勝112敗5分け。33度出場した全国大学選手権は19勝38敗。

いくら努力を重ねても思い描く結果に届かないこともある。むしろ、そういうシーズンの方が多かった、その連続だったはずだ。区切りとなる最後の全国大学選手権で納得のいく勝利をつかむことはできなかったが、ひたむきに日本一を目指して最後まで挑戦した。無念さ、やるせなさ、つらい思いを後輩たちは胸に刻み、炎のようにたぎる闘志に変えて来季は挑むことだろう。このような砂をかむような思いを何層も積み重ねて、京産大は歴史を編んできたのだ。

グラウンドで大西が最後に言ったのは「いいか、来年は勝てよ」との言葉だった。きょうの悔しい負けも、明日の勝利を信じて若者たちが爪を研ぐ出発点になるのであれば。後悔がぎっしりと詰まった大西のラスト・シーズンも、実に京産大らしい幕切れだったように思えてくる。

第2章

努力は才能を凌駕する

大阪青春編

23歳で監督就任し、70歳で定年を迎えるまで47年に渡って京産大ラグビー部を指導し、関西大学Aリーグの強豪校に育て上げた大西健。人生の大半を京都、関西を中心に過ごしてきたが、意外にも生まれたのは東京都練馬区だ。高知県出身の父親は大手化粧品メーカーのカネボウに勤める会社員、山梨県出身の母親は専業主婦だった。１９５０年2月19日、兄、姉に続き、大西家の３人目の末っ子として生まれた。終戦から5年、戦後の混乱期を経て活気を取り戻しつつあった東京で生を受けた。

父親の転勤に伴い２歳の時に大阪市都島区へ転居、奈良の天理大へ進学し親元を離れるまで、大阪で少年時代を過ごした。地元の高倉小学校では野球に明け暮れ、高倉中学校で初めてラグビーに出合った。育った地域は典型的な大阪の下町で、「やんちゃな子はラグビーへ」という雰囲気だった。子ども同士のけんかは日常茶飯事で、大西も「ガキ大将というか、けんかは強い方で手が出るのが早かった」と笑って思い返す。初めてプレーしたラグビーの印象は、小さい選手が大きな選手を倒すことが面白かったという。西南中学との練習試合で大きな選手に怖がらずタックルに行き、試合後にほめられたことを鮮明に記

啓光学園高校時代。前列左から２人目が大西

憶している。ポジションはスタンドオフをしたり、ウイングに入ったり。高倉中では楽しいラグビーを友だちと存分に味わった。

本格的に打ち込み始めたのは啓光学園高校（枚方市、現常翔啓光学園高校）に入学してからだ。ラグビー部は創部3年目で、初めて3学年が揃ったチームだった。「一緒に啓光というチームを強くしないか？」。高倉中のグラウンドで、啓光学園高の国語教師だった釣田正哉に熱心に誘われたことが進学した理由だった。釣田は関西ラグビーのルーツ校である三高でラグビーを始め、東京大学に進学。考古学の高名な研究者として知られ、晩年は啓光学園高で古典を教えていた。好きなラグビーを強くしたいと考え、元気な子どもが多い下町の中学を巡回し勧誘していた。大西は仲の良かった友だちと一緒に入学した。

高校ではラグビーとけんかに明け暮れた。謹慎、停学、無期停学と一通りの処分を経験している。そして、負けるまで終わらないのがけんかだ。帰ろうとすると、校門で他校の生徒が待っている。一対一の対決が多かったが勝てば次の相手がまた現れる。自分では正当な理由があったと思っているが、教師ともみ合いになり退学の寸前まで行ったこともあった。そこで、救ってくれたのが釣田だった。職員会議で「この子はラグビーが得意で、ついハンドオフの癖が出たんです」と弁護してくれた。


高倉中学の頃。女性教師の差別的な発言を聞いて、大きなショックを受けたことがある。荒っぽい振る舞いを繰り返していたが、大西にとっては気の合う大切な友人がいた。その友人から、女性教師が大西の名前を挙げて「あの子とは付き合わない方がいいと話している」と聞かされたのだ。驚くと同時に、悲しみがこみ上げてきた。将来、自分が「先生」と呼ばれるとは思っていなかったが、「先生」という存在に大きな期待を寄せていた。大西も、友人もどちらかと言えば「切り捨てられる側」にいる。そんな生徒たちに、どこまでも心を寄せて思いやるのが「先生」ではないのか、と。この一件はつらい記憶であると同時に、多くの学生から「大西先生」と呼ばれるようになった自分への戒めになってきた。

啓光学園高の同級生は証言する。「当時はボンボンが多い学校だったが、健さんは体育の授業でも長距離走が速く、先生が驚いていた。授業中は本を読んでいることが多く、小説家になりたいとも言っていた」と思い返す。「目立つようなことをするわけではなく、群れることもなく一匹狼だった。ただ正義感が強く、ある生徒への偏見をめぐって教師と議論になり、授業が1時間なくなったことがあった。みんな覚えていて、同窓会でもその話になりました」と笑って話した。

とにかく曲がったことが大嫌いで、とことん自分を貫き通すという高校時代の姿が浮かび上がる。そんな少年が大人になっていくきっかけを与えたのは、やはりラグビーだった。

高校3年の春、体育教諭として藤井主計が赴任し、ラグビー部の監督になった。それまでは生徒主体で考えていたラグビー部の練習内容が大きく変化し、徹底的に走り込む厳しいメニューになった。「お坊ちゃん学校」特有の生ぬるい空気を一掃しようとしたのか、藤井は驚くようなメニューを課した。合宿では午前2時にたたき起こされ、朝までランパスが続いた。大西は「藤井先生は当時25歳くらいで元気の盛り。めちゃくちゃでしたね(笑い)。眠りながら走っている選手もいました」と振り返る。最上級生になり大西は副将として、ナンバー8やフランカーを務めた。藤井の猛練習が実り、学校初の全国高校ラグビー大会出場を果たしている。当時は全国舞台に出るクラブはなく、花園ラグビー場には多くの生徒や関係者が詰めかけて声援を送った。

1968年の第47回全国高校大会。啓光学園は1回戦で16—9で岐阜工に勝利、2回戦

菅平合宿でボールを手に走る天理大時代の大西（左から２人目）

は新田（愛媛）に11―16で敗れベスト8入りを逃した。大西は全国大会を意識してプレーしていたわけではなく、特別な充実感を感じることもなかった。それよりも、初めて強烈に自分を導いてくれる人物に出会えたことに興奮した。1度、信用すれば文句を言わずついて行く一途な性格だ。監督の藤井が天理大に移ることが決まると、心酔していた大西も迷わず天理大を進学先に選んだ。

とにかく走ることで相手を数で上回り、数的優位を重ねてトライに結びつける藤井のランニング・ラグビー。この走り回るラグビーを実現するためには豊富な運動量が不可欠となり、天理大でのトレーニングも苛烈を極めた。啓光学園高を率いた時と同じようにぬるま湯体質は一掃されたが、部員が1人、2人と減っていく。

それでも指導者として妥協せず、自分を曲げずに貫く藤井のすごさを大西は間近で感じていた。また、一方で藤井は勉強熱心な理論家であり、単身でニュージーランドに留学して最新戦術を研究した。とことん考え、突き詰めていくスタイルにも大西は大きな影響を受けた。

豊富な練習量で鍛えられた選手は「これだけやったんやから負けるはずがない」という境地に達するようになる。勝敗への恐怖を振り払い、不動の自信を持たせる効果も生まれた。厳しい練習から勝利への意欲、執念を引き出していく藤井の手法は、大西が京産大監督に就任した初期の教科書でもあった。「時代も違うし賛否両論があると思うが、指導者として自分の原点になっている。今の学生にはとうてい無理。藤井先生の一切揺らがない姿勢もすごいな、と思って見ていた」と語っている。

天理大は藤井の監督就任と同時に復活の道を歩み、同志社大との「２強時代」に突入していく。大西が入学した１年時は関西リーグ５位、２年は３位。３年は７勝０敗で全勝優勝を飾り、４年も６勝１敗で２位だった。タックルが得意なフルバックとして活躍、全国大学選手権には２年生から３年連続出場したが３度とも初戦敗退を味わっている。負けた相手は法政大、日本体育大、明治大。「当時は大学選手権が目標になっていなかった。負けて悔しいという気持ちはなかった。今思えば残念ですね」

当時の天理大からは京産大の大西をはじめ、啓光学園高や龍谷大を率いた記虎敏和、布施工高の川村幸治、御所実高の竹田寛行ら数多くの名将が巣立っている。大学時代に触れた情熱的な藤井ラグビーを土台に、それぞれの道を歩んで行った。

けんかに明け暮れていた少年がラグビーにのめり込み、自分の生きる場所を見つけることができた。プレーすることで人の痛みを知り、仲間を思いやることを覚え、今までとは違う新しい自分に出会っていく。ここまでは関西のラグビー風景ではよくある物語だが、大西の場合は思わぬ展開を見せる。

天理大を卒業し、より深く藤井ラグビーを学ぼうと大学に残ってコーチを務めていた1972年の9月。京都産業大から監督就任の話が舞い込んだ。藤井にも勧められ、22歳の大西は意気揚々と引き受ける。「教員として採用してもらえるわけですから、うれしかったですね。藤井先生のランニングラグビーを教えるつもりでした」。そこから始まった47年に及ぶ指導者としての歩み。大阪、奈良で青春時代を過ごした大西は、京都でもラグビー一筋の人生を突き進んでいく。

栄養合宿

鍋から沸き立つ湯気の向こうに仲間の顔が見える──。グラウンドでの練習を終えた部員たちが集い、一緒に鍋を囲む京産大ならではの風景がある。メインのメニューは日替わりで、焼き肉、豚しゃぶ、すき焼き、味噌鍋、ちゃんこ鍋、上湯鍋、スッポン鍋など…。大西の「みんな揃っているか？いただきます」という掛け声を合図に、全員で「いただきます」と唱和して食べ始める。30分ほど前まで行われていた練習の厳しい雰囲気がぐっと和らぎ、温かなムードが広がった。

栄養合宿の会場として使う民家は京都市北区上賀茂にある。陸上部や野球部などが汗を流す京産大総合グラウンドに隣接する和風の平屋建ての家だ。もともとは京都西陣の織物商が暮らす屋敷だったが、隣接する野球場からネットを飛び越えてボールが屋根を直撃する被害が相次いだ。謝罪、弁償を繰り返すうちに大学側が家屋を買い取り、慣例的にラグビー部が使うことが認められてきた。

引き戸の玄関を上がると台所、風呂場、トイレがあり、学生の食事に使うのは二間続きの畳部屋だ。三十畳ほどのスペースに座敷机を細長く２列に並べてある。立派な床の間もあれば職人が丁寧に細工を施した欄間もあり、どこか懐かしい昭和時代の家庭に招かれたような空間が広がっている。九州や四国、北陸など、ふるさとを離れてラグビーに打ち込む学生にとってはリラックスできる時間でもある。大西は「この雰囲気がいいでしょ。鉄筋コンクリートの寮では、こういう雰囲気は出ないんですよ」とうれしそうに語っていた。

もともと栄養合宿は、京都市山科区にあり、新婚当時の大西夫妻が暮らしていた追分寮（現在は大学近辺に移転）を会場に1977年頃に始まった。当時、柔道部が体づくりのために行っていた食料合宿がヒントになった。1980年頃からは大西が西京区に構えた自宅で行うようになり、その後は合宿所などを経て1990年代から現在の民家に移った。

1980年代、90年代は関西リーグが大詰めを迎える大阪体育大、同志社大との試合前や全国大学選手権を控えた週に栄養合宿を行っていた。だが各校の強化が進み、序盤から接戦になる試合が増えた2000年代からは関西リーグ開幕から毎週行うことが慣例になった。週末の試合に向け、火曜日から4日ないしは5日間。関西リーグの期間中は7週続くことになり、シーズン最後の大学選手権が終わるまで行われた。

参加するのは週末の試合にベンチ入りする23人。最後の「1枠」を2人で競い合っている場合は24人が呼ばれた。試合に向けた準備の一環なので、在学4年間で1度も参加できない学生も少なくない。そこで2010年頃から、大西は5、6月の春シーズン中に学年

恒例だった栄養合宿（2014年10月９日・京都市北区）

単位で全部員が参加する栄養合宿も始めた。「栄養合宿が京産大の名物のように語られるようになって、卒業したＯＢが自分は参加したことがないので知らないと恥をかかないようにね」。そんな思いからだった。春は４日間連続で同じメニューが続く。日替わりで参加するコーチはともかく、大西と主将、副将は連日の参加だ。すき焼きでも、焼き肉でも平気な顔をして連日平らげた。

学生たちは雑談を交わしつつ、もりもりと食べていく。鍋に加えて、唐揚げやハンバーグ、サラダなどの副菜も並ぶこともある。３分も過ぎると学生たちが次々に立ち上がり、「お替わりに」に行く。「和気あいあいの食事会」と誤解されることも多いが、合宿と呼ばれるように大西は「練習の一部」という考えで実施していた。ご飯は1人3杯というノルマがあり、1杯の重さも900〜1000グラムと決められている。かつてプロップに転向したばかりの選手が食べ過ぎ、10数分ほど動けなくなったことがあった。強要こそされないものの、体を大きくしたい選手は自ら食べ過ぎてしまうのだ。胃の消化が進むことを全員でじっと待ち続け、やがて彼は何事もなかったように残りを食べ終えた。

栄養合宿の主目的はラグビーに欠かせない体づくりだが、バランスよく栄養を取ることでの風邪予防、週末の試合に向けてチームの一体感を高めていく意味も含まれている。食事を準備するのは大西の妻・迪子（みちこ）をはじめ、主将を中心とする選手の母親、女子マネジャーら5、6人ずつが交替で担当した。午後4時に民家に集まり、米を研ぎ、野菜を切って準備を進めていく。練習が終わり、バイクで選手が集まって来るのは8時頃。時には、運動用具メーカーの担当者や大西の知人、新聞やテレビの取材者、長年の支援者らも食事に加わった。学生とは別の卓を囲み、世間話に花を咲かせた。

お盆を手に「お肉、足りてる？」と学生たちに声を掛けて回るのは、長く手伝ってきた笠川町子だ。大学病院や京都産業大で看護師として勤務した経験から「婦長さん」の愛称で親しまれた。シーズンの行く末を決めるような大事な試合の前、焼き栗を食べさせたことがある。「昔からの縁起物の勝ち栗よ、と説明したんだけど。あの子たち本当に分かっているのかしら?」と陽気に笑っていた。鍋の湯気とともに、いつも緊張を和らげてくれた婦長さんの笑顔を覚えているOBは少なくないだろう。

食事会場には、栄養合宿の象徴である4升釜が二つ並ぶ。大釜の前に座り、お替わりをする学生をじっと待つのは迪子の役割だ。迪子はメディアの取材を一切受けず、陰で支えることに徹してきた。「家で待っていてほしい」という大西の希望で試合を現地観戦することもなく、試合会場に訪れるのは国立競技場での試合だけだ。実家は大阪・心斎橋にあった老舗料亭「逢坂」。お座敷に上げた客に茶釜で揚げた天ぷらを振る舞う趣向が人気を集め、著名人やスポーツ選手らも通う名店として知られていた。

その店の隣に天理大の学生だった大西が通う居酒屋があり、両店に通う知人を介して、実家を手伝っていた一人娘の迪子と知り合った。花園ラグビー場に応援に行くと、天理大監督の藤井主計のはからいでベンチに入って応援したという。今では想像もできないが、当時の関西リーグでは日常の光景だった。

ラグビー関係者や支援者ら多くの人が出入りする自宅では訪問客をもてなし、栄養合宿を切り盛りし、留学生が入院すれば手術に付き添った。大阪の商売屋の娘さんらしい器量で明るく取り仕切った。

栄養合宿の食材の大半は各地方にいるＯＢや支援者からの差し入れでまかなってきた。廊下には30キロの米袋がいくつも並んでいた。白菜、大根、タマネギ、キュウリ、ネギなどの野菜を自ら育て、供給してきたのは京都市西京区洛西で造園業を営む吉田耕也だ。１９８０年代後半に活躍し国立競技場でもプレーしたスクラムハーフ、克也の父親であり、30年以上も菅平合宿を観戦し続けた筋金入りの支援者でもある。造園業の一方で野菜作りを独学で勉強。毎年、新鮮な野菜を届けて栄養合宿を支えてきた。

選手が体を大きくするための「合宿」ではあったが、実際の会場をのぞくと、大学のクラブは実に多くの人たちの手が加わって成り立っていることが分かる。見返りを求めず、無償でチームを支えようとする人たちの熱意と行動力がなければ、大西が退く最終年まで栄養合宿を続けることはできなかっただろう。学生たちにとっても「自分たちは多くの人に支えられている」ことを実感する場所でもあったはずだ。

食事が終わりに近づくと、主務やマネジャーが果物やアイスなどのデザートを運んでくれる。その際の名物と言えば、杏仁豆腐だろう。１９８９年の主将だった杉本浩二の母親が長年ずっと差し入れてくれた。ほんのりと甘い風味が広がり、リンゴやみかんなどフルーツと一緒に食べる。ご飯や鍋をしっかり食べた後でものど越しが良く、さっぱりした味がとても魅力的だった。あの味を懐かしく思い出すＯＢも多いことだろう。

この栄養合宿を記録した数冊の大学ノートも残っている。日付やメニューに加え、食前と食後の体重の変化が克明に記載されている。普通は2、3キロ、多い選手だと4、5キロ増えているケースもある。食べて大きくなる選手を見続けてきた大西は「よく練習する選手はよく食べる。そして、よく成長しました」と振り返った。

例えば、1996年12月14日、筑波大との全国大学選手権1回戦へ向けた栄養合宿は12月10日にスタート。試合前日までのメニューは味噌鍋、ちゃんこ、焼肉、豚しゃぶだ。例えば、後に世界殿堂入りするFB大畑大介は78・0から80・0と2キロの増加。この週で体重増が目立つのは、ルーキーだったロックの池田篤人で、毎日3キロほど増えている。

特筆すべきなのは、食事後の片付けの手際の良さだ。「ごちそう様でした」の後、選手たちはてきぱき片付けを始める。食器を集め、鍋を運び、机をふく。そんな一連の作業手順は先輩から後輩へと伝授されてきた。まだ熱の残っているガスコンロをふくのは大西の仕事だった。きれいになるまで丁寧にじっとふき続ける。そんな指導者の姿を見ながら、選手たちも黙々と動く。30数人が一斉に食事をしながら、片付けはものの10分足らずで終了する。一人ずつ「ごちそう様でした」と丁寧にお辞儀をして帰っていく選手に、大西も「はい、おやすみ」と必ず言葉を返した。

グラウンドでは厳しく選手を指導する一方で、学生たちと談笑しながらガスコンロをふく大西。「厳しい練習ばかりが強調されるけど、厳しさだけではチームは続かないですよ」

と話していた。

4年生たちが卒業する際、チームに練習用具などを寄贈する風習が続いている。栄養合宿を行う民家にエアコンを寄贈していった学年もあった。ちなみに焼き肉の際に大活躍する換気扇は、電気工事を本職にする学生の父親が設置してくれたものだ。選手にも、チームにも濃密に人が関わる「手作りの愛情」。京産大を支えていた原点のように思えてくる。

朝練習

大西が監督に就任した1973年から強化が始まった京産大ラグビー部。74年に関西大学Aリーグに昇格し、82年には全国大学選手権に初出場、翌83年には初のベスト4入りと着実な成長を見せた。いち早く成長できたのは、他校に先駆けて大西が考案したグラウンド外で行う独自の強化策が奏功したことが理由に挙げられる。

一つは前述した栄養合宿であり、もう一つはウエートトレーニングを行う朝練習である。今でこそ多くのチームが選手の栄養面に気を配り、フィジカル強化に時間を割くのは当たり前になったが、当時は本気で取り組むチームは少なかった。「先達と同じことをしていては永遠に追い付けない」という後発チームらしい考え方だった。

京都市西京区洛西に自宅がある大西は毎朝4時過ぎに起床、5時には自宅を出るのが長年の日課だった。午前6時前には北区にある京都産業大学第2体育館に到着して鍵を開け、2階にあった自らの研究室で学生たちが来るのを待った。全体での練習が始まるのは6時半からだが、一足早く来るのは個人練習に取り組むプロップたちのためだった。自宅から約10数キロ、早朝の京都市内の道路は空いていて車で40分ほどの道のりだ。春、夏は明るいが、シーズンが本格化していく冬の朝はまだ暗い。選手のこと、チームのこと、練習メニューのこと。あれこれ思案しながらハンドルを握る、大西にとって大切な時間だった。

6時半からの朝練習には全部員がそろう。一般的にウエートトレーニングと言えば筋肉増量を目指し、マシンを使って腕、肩、胸の上半身を鍛えたり、何枚ものプレートを加えたバーベルを持ち上げるベンチプレスやスクワットなどを想像しがちだ。もちろん、それらのメニューも行うが、最大の特色は大学のラグビー選手が使う器具にしてはやや小さく見える30キロバーベルを使っての多彩なメニューだろう。だが、これこそが選手を鍛えるためには最高の道具だった。ウエートトレーニングの専門家に協力を仰ぎながら、試行錯誤の末にメニューは完成した。「瞬発力も大事だがラグビーには筋持久力が最も求められる」という大西の考えに基づいている。

「ウチのラグビーを支えているのは栄養合宿と朝練習なんです。一度、見に来ませんか?」。

大西に誘われて2003年の夏前、朝練習を見学したことがある。現在はラグビー部とバスケットボール部の部員が暮らす神山寮の地下1階にトレーニングルームがあり、学生は同じ建物内で汗を流せるようになっている。2014年に神山寮が完成するまでは、第2体育館にある柔道場がウエートトレの練習場所だった。ひんやりとした朝の気配が漂う午

朝練習で使う30キロのバーベル（京都市北区・神山寮）

前6時過ぎの柔道場、体育館の目の前あった部員寮から選手たちが集まってきた。畳を傷めないよう丁寧に板を敷き、バーベルやベンチプレスの台などを準備し終えるのが6時半前。大西の合図で全員が柔道場を軽く走って周回し、朝練習は始まった。

最初に行ったのが30キロの小ぶりのバーベルを使ったメニューだ。逆手で持ち肘を曲げて肩の高さまで持ち上げると、今度は順手で持って肘を曲げずに肩まで上げる。頭上に掲げたまま飛び上がって脚を前後に開くという動作もあった。10種類以上あったメニューの順番と回数、セット数が決められていて、選手たちは次々とこなしていく。シンプルな動作に見えたが、腕や肩、胸、腰、脚と体全体に負荷がかかっているのが分かる。選手の顔は紅潮し、わずか数分で汗が噴き出してきた。30キロという重量はさほど重くないが、複数のメニューを組み合わせて繰り返すことで各部位をバランス良く、体幹まで鍛えた。

全セットを終えるとウエストベルトを腰に巻き、大きなバーベルを使うスクワット、ベンチプレスなどのメニューへと移る。学生たちは4、5人の班を組み、交互に補助しながら効率よく進めていった。「よし、いいぞ。もっと頑張れ」「腰を落として、視線は真っ直ぐに」。先輩が後輩を励ましつつ、手足の動かし方を細かく教えていた。近年は大西やコーチらが巡回しながら指導、各自が達成した数値を一覧表にして壁に張り出しモチベーションを引き出している。全てのメニューを終えたのは午前7時半過ぎ。全員で用具の片付けをすばやく行い、柔道場を後にした。

もともと大西が朝練習を導入したきっかけは、朝に学生たちを起こし、授業に行く習慣を付けさせることが目的だった。朝6時半の集合と決めれば、前夜も早く寝るようになり、規則正しい生活が送れるだろうと。そんな思いとは裏腹に「早起きして眠くなり、寮に戻って寝てしまった」という学生も中にはいたものの、生活リズムをつくることに大きく役だったはずだ。もちろん20歳前後の若い大学生たちが早起きを好むはずはなく「4年間で朝練習が最もつらかった」と振り返るOBも少なくない。

地道なメニューが続く朝練習（2014年10月15日）

推薦入学で進学してくる学生が大半を占めるラグビー部では、学業との両立は大きな課題だった。スポーツは得意でも勉強は…という学生もいる。いろいろなタイプの学生が各地から集まってくるチームで、毎朝の練習は学生としての規律を守る重要な役割を果たしたと思われる。

毎日の生活習慣づくりと同時に大西の頭に大きくあったもう一つの目的は、「自分で自分を守ることのできる身体づくり」だ。夕方5時からのグラウンド練習では、激しい身体的接触を伴うプレーが続く。相手に体をぶつけるタックル、8人で組んで押し合うスクラム、数人が入り乱れて押し合うラック…。これらのプ

FW第一列が練習する「突っかけ」(2017年8月29日)

レーを習熟しようとする選手の身体を守ることは、監督である自分の責任だと大西は強く考えていた。日々の地道な鍛錬で「鎧」をつくることが選手を重傷事故から遠ざけることになる。たとえ学生が嫌がろうと、周囲から強制的だと言われようと、勧誘した高校生から厳しい練習を理由に進学を避けられようと、学生たちの身体を守るための信念は揺るがなかった。

「突っかけ」と呼ばれる京産大特有のスクラム練習がある。他チームで実施しているという例は見たことも、聞いたこともない。スクラムを組むフロントロー、第1列の3人ずつが向かい合って3メートルほどの距離を取って立つ。大西の笛の合図で片側の3人が小走りになり、止まって待ち構えている3人に当たって両者が組み合う。加速してぶつかることで、スクラムで組み合う瞬間の「ヒット」と呼ばれる部分を再現しているわけだ。3人ずつ計6人がぶつかる瞬間には「ドカッ」とも「グニャ」とも表現できる鈍い音が聞こえ、選手らはそのまま数秒組み合う。助走してくる相手の圧力を受け止める練習であり、強い選手は姿勢を崩さずしっかり吸収して押し返せるが、弱い選手は力を受け流そうと背中や肩が曲がってしまう。一つ間違えれば、事故につながる難度の高い練習だということは素人が見てもすぐに分かる。3グループをつくって交替しながら続けるが、この練習ばかりは長くても15分ほど。この間、大西は絶対に笑顔を見せない。一切の表情を消し、淡々と笛を吹くことで選手の集中力を極限まで高めようとしているように見えた。

神山競技場で行った春のオープン戦の試合後、「突っかけ」を練習していたことがある。着替えて帰ろうとした対戦チームの選手たちは足を止めて思わず見入っていた。目の前の光景に驚いたようで、その場から離れられず最後まで固唾をのんで見届けることになった。「突っかけ」を行った日の練習後、大西はいつにも増して雄弁になった。神山球技場から駐車場に下っていく長い坂道を歩きながら練習の感想を話した。「たまには、こういう練習を入れないとダメなんです。学生たちも、やらなきゃいけないということは分かっていると思います。でも、だいぶ良くなってきましたね」。チーム作りへの率直な手応えを話し終えた大西に聞いてみた。「突っかけ、先生も緊張するんですか？」。当然という顔で即答した。「もちろんです」

朝練習が始まる30分前に第2体育館に到着して鍵を開け、研究室に大西がいたことには他にも理由があった。夕方の全体練習ではゆっくり一対一で話せない学生が訪ねてくるからだ。けがや授業、就職、その他もろもろの悩み事。大西が研究室に一人でいることを知る学生たちはドアをノックした。朝練習が終われば再び研究室に戻り、妻の迪子が持たせてくれるオニギリを食べながら学生たちを待った。また、学生を一人ずつ呼び出しては北山通にある人気のベーカリーレストランで一緒に朝食を食べた時期もあった。監督と差し向かいに座った学生は緊張しながらも食べ放題のパンで満腹になり、ラグビーや大学生活、実家の近況などの話をしてコミュニケーションを深めた。大西も「いろいろな話をしましたね。グラウンドで一緒にいても知らない意外な一面が分かるんです」と喜んで話していた。もちろん、学生たちの方も身をもって理解しただろう。学生という集団に向き合う監督の表情と、ひとりの教員として選手に向き合う大西の表情は違うということを。

スクラム

２００６年12月17日、花園ラグビー場。スコアシートには「晴れ」と記載されているが、花園特有の寒さが身にしみた。第43回全国大学選手権１回戦で帝京大（関東対抗戦４位）と対戦した。この一戦は、京産大がこだわるスクラムの威力を存分に見せつけることになる。試合では強さだけでなく、限られた時間の中でスクラム勝負に徹する意志の強さも問われる。

このシーズンの主将はウイングからフッカーに戻っていた４年の小西賢一（４年、東海大仰星）。左プロップは後藤満久（３年、関西創価）、右プロップは１年から３番に座り続ける長江有祐（３年、春日丘）と第一列の布陣は充実していた。２０１５年Ｗ杯で南アフリカを破った「ブライトンの歓喜」。カーン・ヘスケスの逆転トライにつながる起点のスクラムを組んだ山下裕史（３年、都島工）が控えの17番という豪華さだった。

前半29分に帝京大が先制トライを挙げ、０―７で折り返し。チャンスを得てもなかなか得点に結びつけられず、初得点は後半23分。プレースキックで抜群の精度を誇った徐忠植

（3年、朝明）のPGだった。自慢のモールで帝京大FWを崩し、トライゲッターのWTB江藤大和（3年、筑紫）に球を集めて得点を狙うが、なかなかトライラインを割れない。3―7のまま35分を過ぎて敗色ムードも漂い始めた時、相手陣ゴール前5メートルでのスクラムという最後のチャンスが訪れた。

京産大FW第1列の顔ぶれは、前半とは変わっていた。後半9分に小西から山下が交代出場。左右のプロップを起用にこなせる長江が右から左へ移り、長江・後藤・山下という第1列の布陣で押し込み続けた。地道に与えてきたプレッシャーが土壇場で実った。何度も帝京大の反則を誘い、最後は故意にスクラムを落とすコラプシングが告げられ逆転の認定トライを得た。時間は終了間際の後半40分。徐のコンバージョンも決まり、10―7で勝利した。絶対に押し切るという自信とスクラムにかける執念。長時間の地道な練習で培った二つの条件が揃っていなければ、この時間帯での認定トライはあり得なかっただろう。大学9連覇を飾った帝京大との公式戦はこの1試合のみ、通算成績は1勝0敗（2020年現在）となっている。

背番号3の右プロップを、大西は「京産大のプライド」と呼んできた。スクラムという試合を左右するプレーで重要な役割を担うことに加え、「努力して強くなる」というチームの基本理念を体現するポジションでもあるからだ。

第43回全国大学選手権・1回戦

2006年12月17日・花園ラグビー場

京産大 前半	京産大 後半	10	0－7 10－0	7	帝京大 前半	帝京大 後半
0	1		T		1	0
0	1		G		1	0
0	1		PG		0	0
0	0		DG		0	0
0	10		スコア		7	0

	京産大		帝京大	
1	後藤③	FW	安江④	1
2	C小西④	FW	天野②	2
3	長江③	FW	伊藤②	3
4	河嶋③	FW	庄島④	4
5	半田④	FW	冨田③	5
6	山田④	FW	堀江③	6
7	橋本②	FW	佐藤④	7
8	坂野③	FW	C岡田④	8
9	田中④	HB	天本④	9
10	大熊③	HB	新井③	10
11	徐③	TB	脇坂③	11
12	今村②	TB	山田③	12
13	石蔵③	TB	平岩④	13
14	江藤③	TB	道広④	14
15	内田④	FB	三好④	15

○数字は学年

2006年の全国大学選手権、法政大戦（12月24日・花園）

京産大スクラムの最大の特徴は、「3番オーバー」と呼ばれる組み方にある。現在のスクラムは、フッカーの両腕が左右のプロップの腕より上に来る組み方を採用するチームが大半だ。スクラムを組む8人の形が左右対称に近くなってバランスを取りやすく、押して攻める場合も、押されて耐える場合も安定を保ちやすい。だが、京産大は3番右プロップが左腕を2番の右腕の上に回して組み、1番左プロップは他チームと同様に2番の左腕の下から組む。全体バランスを取ることより優先して、このスタイルを貫く理由は「少しでも3番の左肩を前に出して押したい」という一点に集約される。相手FWの1、2番と両肩で組む「タイトヘッド・プロップ」である3番が相手との勝負に勝って前に出られれば、スクラムは必ず前進できる。スクラムが前進

すれば15人が前に出て、攻守ともに有利に働くという考え方だ。

京産大3番は相手1番を右へ弾き出して相手2番との連係を断ち切り、1番2番の間を割るようにして前に出ることを目指している。京産大1番は相手3番を攻めて重圧をかけ、自由に仕事をさせないようにするのが役割だ。京産大2番は1番、3番が押しやすいように連係を保ちながら、8人全体のバランスを取る。これらの一連の動きを体得するまで、8人で練習を繰り返していく。ウエートトレーニングでのパワーアップも欠かせないが、腕や足首の角度、脚の伸ばし方、胸の張り方…。実戦をこなすことで積み上げてきたノウハウが数多くある。

京産大プロップの第一人者で、現在はFWコーチを務める日本代表キャップ16の田倉政憲（東宇治高）は「単純な力比べに見えるかもしれませんが、対戦相手の特徴を分析して、試合によって組み方を細かく変えています」と言う。田倉は週末ごとに母校を訪れ、数多くのプロップを育ててきた。4～7月までは毎週のようにオープン戦が組まれるが、田倉の「仕事」はその試合が終わってから。プロップを集めてポジション練習が始まり、1人で2人を押す練習などで選手を鍛え上げる。

田倉は東宇治高時代、京都市南区にある吉祥院グラウンドで大西に勧誘された。当時は

スクラムを指導する田倉コーチと大西（2015年９月６日・神山球技場）

体重80キロそこそこの目立たないプロップ。大西は「負け試合だったと思うが、一人で死に物狂いでタックルに行く姿が印象的だった」と振り返り、田倉は「京産大は組んでなんぼというより、組んで走ってなんぼというチームだった」と思い返す。才能を見込まれたのだろう、ウエートトレーニングに取り組む朝練習は大西からマンツーマンで指導を受けた。グラウンドでは厳しい先輩たちにもまれて強さを会得していく。「1年の時は練習で先輩たちにボコボコに負けて。2年になってフッカーで試合に出たら、チーム練習では負けるのに試合では勝てて、あれっと思った。3年の時も同期に勝てないのに試合では勝てる。京産大のレベルが高かった。一番の敵はこの中にいると思っていました」と語る。

大西が最も多くの練習時間を割いたのもスクラムだった。練習方法はいたってシンプルで、AチームとBチームが延々と組み続けるというもの。ユニット練習をしているバックスからスクラムハーフを呼んでボールを投入させることもあったが、大半は押し合うだけの練習だった。

大西が「ポイント」と言って指さした地点にFWが集まり、「クラウチ、バインド、セット」の掛け声で組み合う。ヒットの瞬間、選手たちからは「おっしゃー」「おらっ」など気合を込めた声が上がる。互いが力をかけたまま制止すると、大西が「ボールイン」の掛け声。そこから押し合いが始まり、形勢が傾いてどちらかが10メートルほど押されると大西が笛を吹き、終了となる。息をつく間もなく大西が「アゲイン」とコールし、再びスクラムの押し合いが始まる。

ただ押し合うだけのスクラムの繰り返しが延々と続く。1時間ほどは当たり前、2時間以上に及んだこともあった。大西は選手に対し「なんや、その姿勢は。もっと足を掻け」「そこで右腕を絞れ」「下がるな、前に出ろ」「そうや。そのまま押していけ」などと檄を飛ばす。

その大半は最前線で組むフロントローへの指示だが、2列、3列へも容赦はない。あくまで8人が全力で押すことにこだわる。サイドからプロップを押すフランカーの名前を呼び「お前のサポートが足らんのや。もっと押してやれ」。ある時、スクラムの強さを問われると「うちに特別な力があるわけじゃ決してない。全員でまじめに押すからですよ。まじめに押すチームなんて少ないでしょ」と語っていた。スクラムの最中に相手の攻撃方向を見極めようと、フランカーが顔を上げているチームもあるが、京産大にはスクラムを組む時に顔を上げる選手はいない。

かつては1試合で平均30回ほど組む機会があったとされるスクラムだが、現在は10数回にまで減ってきたとも言われている。ゲーム再開の起点でもあるスクラム。ボールを出すことを優先したり、次の攻撃に備えて安定したスクラムを目指すチームも多い中で、全ての機会で押し込もうと試みるスタイルは異色に映った。敵陣でも、自陣でも毎回、FWが全力で押しにかかればスタミナも消費してしまうが、京産大らしい戦略も隠されている。

ラグビーのグラウンドが100面以上あるという長野県上田市の菅平高原。毎年夏、数多くの高校、大学のチームが訪れて合宿を行っている。秋のシーズン開幕を前に最終調整をしたり、関東と関西のチームが練習試合を行ったり。歩いて登れる「ダボスの丘」という観光名所があり、1980年前後、大西はそこに広がる斜面を使ってスクラム練習に取り組んでいた。8人同士では負荷が足らず、第1列の3人と両ロック2人の計5人で8人を相手に組み、下から数メートルずつ押し上げていく。何度も組み直して少しずつ進み、頂上まで押し上げれば終了となる。この特異な練習方法は後に、京産大スクラムの強さを証明する際のエピソードとして広く伝わることになった。現在は合宿最終日に全員でダボスの丘に登っているが、自然環境への配慮を考えスクラム練習は行っていない。

２０１３年12月15日、愛知・瑞穂ラグビー場。第50回全国大学選手権の２次リーグ、第２戦で早稲田大（関東対抗戦２位）と対戦した。２０１１、12年と２年続けて関西リーグ７位に沈み入れ替え戦に回っていたが、この年はＦＷが力強さを取り戻し５勝２敗で関西３位。１年から試合に出ていた三原亮太、山下楽平、小川雅人らの４年生がチームを引っ張り、８日の第１戦は中央大（関東リーグ戦２位）を29―28で振り切り、６年ぶりの全国勝利を挙げていた。この大会で準優勝する早大にも後半10分過ぎまでリードを奪う大健闘を見せた。競り合いに持ち込んだキープレーとなったのがスクラムだった。

試合前の大西の指示は「早大のスクラムは確かに強い。でも最初から押し続けていけば必ずウチの優位さが出てくる。諦めず押し続けろ」というもの。序盤は早大が優勢に組んでいたが、時間が経つにつれ京産大ＦＷがめくり上げるようになった。何度組み直しになっても８人が全力でヒットを続け、相手の体力を削っていく。スクラムを押し込んで少しでも前に出れば、15人が前に出る迫力も違ってくる。大西の言葉通り持久戦に持ち込んでリズムに乗りかけたが、フッカー中島裕樹（４年、啓光学園）が負傷退場。ラインアウトの呼吸が乱れて好機を逃す場面が続き、相手ＦＷは冷静さを取り戻した。早大からの３勝目

スクラム練習（2003年９月25日・京産大総合グラウンド）

は遠ざかり18―48で敗れたが、復活への手応えを得ることができた。

「努力は才能を凌駕する」という大西の持論を最も体現したのがスクラムだろう。長時間に及ぶ猛練習の途中で、明らかに選手が変革する瞬間がある。延々と終わらない練習を前に選手同士が本音で言い争うようになり、仲間に「何でお前、でけへんねん。絶対できるって。今、変わろうや」と本気で迫る。疲労と集中が限界に達すると、言い争いの末に手を出す選手まで出てくる。だが大西は静かに黙って見守り、止めようともしない。選手の心の奥に潜む執念を引き出し、強みに変えようとしているように見えた。

相手チームにも、レフェリーにも、観客席にいる子どもにも「どちらが強いか」が単純明快に分かるスクラム。たとえバックスの選手がノックオンをしても、得意のスクラムから試合が再開されるという心理的な有利さは格上チームと対戦する際の安心感にもつながった。バックスのランスピードやステップの切れとは違って練習量がそのまま強化につながりやすく、実戦では「スクラムが強い」というイメージが実力以上の効果を生むこともあった。

もちろんスクラムへの強い執着は諸刃の剣ともなり、自分たちを追い込む状況を招いた面もある。

相手ボールのスクラムも全力で押しにかかるため、球を奪えないとボールを保持した相手にすれ違われ、簡単にゲインを許す場面もあった。ＦＷ全員で押すあまり疲労度が大きく、後半の勝負機に足が動かなくなることもあった。計16人が集まって組むスクラムはプレーに入る準備に時間がかかり、リードされた試合展開では相手にうまく逃げられてしまうことも。スクラムのメカニズムは複雑で優劣は当事者にしか分からない部分があり、思いがけない判定を下される可能性もある。力勝負を正面から受けてくれる相手ばかりとは限らず、下がりながら落とされるなど、思うように勝負できないこともあった。

だが、それらのデメリットを考えた上でも、格上のチームに勝つためには何か一つでも相手を完全に上回る要素が必要だと大西は考えていた。スクラムさえ強ければ試合に勝てるわけではないが、京産大が自分たちのラグビーを実現するために欠かせないプレーだと考えたのだ。押したい場面だけ都合良く力を発揮することなど不可能であり、全ての機会で押しにかかるからこそ、自分たちより強い相手を上回ることができると信じていた。

才能を努力で上回り、不可能を可能にしていく――。言葉にすればきれいに聞こえるが、合理性からかけ離れた厳しい練習を乗り越えた集団だけが現実のものにできる。才能に頼らないチームが合理的に戦うための最良の手段としてスクラムを選んだのであり、それは京産大というチームの無骨な生き方を象徴していた。

ドライビング・モール

２０１７年の関西リーグ第４節。摂南大、関西大、立命館大を下して３連勝の京産大は10月28日、鮮やかな紅葉がムードを盛り上げる京都・宝が池球技場で関西学院大と対戦した。前年は初めて明治大を破って全国８強入り、この年は高校日本代表候補だった中川将弥（４年、御所実）が主将としてチームをまとめ「今年こそ正月越えを」と意気は上がっていた。

ところが思わぬ大苦戦を強いられた。前半は３トライを重ね21―14で折り返したが、後半に入って関学大に３連続トライで逆転され、21―33とリードを広げられていた。時計は40分近く、点差は12点。万事休すかと思われた大ピンチを打開したのは得意のドライビング・モールだった。

敵陣深くの左奥でラインアウトの好機を迎えると、ＦＷは円陣を組んで意思統一した。選手たちに迷いはなかったはずだ。この場面はもう「あれ」で挑むしかない。

直前の35分に交代出場した宮崎達也（３年、伏見工）が正確なスローイングで投入すると、すぐさまＦＷ８人が堅いパックのモールを組んだ。後方へ送られてきたボールを最後尾で宮崎が確保、相手に見せないように腹に抱え込んで進んでいく。モールは意志を持った生き物のように、左右にうねりながら少しずつ前進していく。団子のように固まってぐいぐいと押すのではなく、縦に細長い隊列を組むような形になって右へ左へと進行方向を変えていくのが京産大モールの真骨頂である。

相手はボールへ働きかけたくても近づくこともできず、押しとどめることはできない。やがてゴールラインを越えると宮崎がボールを接地させてトライ、ゴールも決まって28―33。直後のキックオフからは一度、左サイドを攻めて右展開。途中出場のSO山内凌雅（2年、関大北陽）がうまく抜け出し、最後は左WTB浜田将暉（3年、京都成章）が走りきって同点トライ。FB河野翼（4年、東海大仰星）が冷静に勝ち越しゴールを決め、35―33で競り勝った。

相手の不意を突くわけではなく、来ることが分かっていても止められない京産大のモール。どうしてもトライがほしい場面で見せる最後の武器には、大西が研究を重ねて独自に編み出した「秘伝のノウハウ」が凝縮されている。100キロを超える大型選手がサイズを生かして押していく「パワーモール」も多く見られるが、京産大は相手のパワーも自分たちの力に変えてしまう特別な技術を駆使してきた。

互いに8人ずつのFWが「おしくらまんじゅう」のようになって押し合うモール。FW

モールの基本を説明する大西（2019年４月13日・神山球技場）

が相手を押して力強く進んでいく光景を見ると、「さすが京産大。厳しいウエートトレーニングで鍛え続けた練習の成果だ」と思う人もいるだろう。もちろんフィジカルの差もあるだろうが、同じ大学生を相手に単純に力だけで押していけるわけもない。当然いくつかの工夫が施されているわけだが、最も特徴的なのは、相手と接する「面」を極限まで小さくして「点」にしていることである。

ラインアウトのボールを空中キャッチして着地し、相手に背中を向けて仲間を引き寄せる選手。大半は長身のロックが務め、このポジションはチーム内で「ヘッド」と呼ばれる。ヘッドの両脇に頭を差し込み、押しにかかる２人の選手は「エッジ」だ。エッジはあくまでヘッドを押すことに集中し、「相手を押さないこと」を徹底的に教え込まれる。互いに押し合うモールで「相手を押さない」ことは不自然に思えるが、実はトータルでの力比べをするつもりは毛頭なく、いかに自分たちの力を1点に集約するかを考えている。自分たちより大きな岩に対し、自分たちはキリのように細くとがって突き進んで割っていくイメージだ。

だから練習で繰り返すのは、ヘッドとエッジの3人で成形する三角形の頂点をなるべく鋭角にとがらせること。接点の周辺で選手は相手を押したくなるが、大西は「相手を持つな。放っておけ。味方バインド」と声を枯らし、この独自スタイルを覚え込ませた。

モール練習を見学していると、エッジが取る姿勢はスクラム時のプロップとよく似ていることに気づく。そのことを大西に指摘すると、「そうなんです。力強く押せる姿勢は同じ。スクラムを強くすれば同時にモールも強くなる。スクラム練習はモールの練習にも通じているわけやね」と笑っていた。

選手に絶対的な強さが求められるスクラムは何度も組んで個々を鍛えていくしかないが、組織の技術で押していくモールの練習時間はさほど長くなかった。スクラムは毎日のように組んだが、モールは週1回組むかどうか。「モールは毎年、改良に改良を加えてここまで来ましたから。どのレベルの選手が集まってきても押せるようにできますよ」と大西は独自技術に盤石の自信を持っていた。

繰り返して練習し技術を覚える（2016年８月28日・菅平）

もう一つのキーワードは「チェーン」だ。力強く前進するモールはヘッド、エッジの3人でつくる三角形が基本形になるが、ここに後方からもう一人の選手が加わり、ダイヤモンド型を形勢する。さらに後続のFW選手が続き、縦長の隊列ができあがる。ボールは数メートル後方の選手が保持し、崩そうとする相手が横から防御に入ればオフサイドの反則になってしまう。基本となるのは先頭4人で組むチェーンで、これを断ち切られない限りモール攻撃は続く。チェーンを断ち切られ、相手に内側に入られるとモールは崩壊してしまう。

ヘッドは背中で相手の弱い部分を感じ取り、その1点に向けて8人の力を集約させる。毎回、思うように押せず相手の防御で崩れそうになることもある。だが、ここにも工夫があり、モールの「修復」にもしっかり準備は施されている。チェーンを組む4人は役割を変更することも想定しており、ヘッドがエッジに変化していくことも可能だ。チェーンさえ強固に保ち、そのスペースに相手を侵入させなければモールは再生しながら延々と続くというわけだ。1度は崩れて終了したかに見えた京産大のモールが息を吹き返し、形を作り直して再び進み始めるのは、このためである。

スクラムと同様に「強力FW」の看板を支えてきたモールだが、思ったように押せず苦しんだシーズンもある。そんなシーズンの課題はモールが「動かない」ことが多かった。他校に比べ軽量のFW選手が多く、モール成立直後の組み合った場面で、巨漢FWが多いチームに全体重をかけて防御されると、微動だにしない場面が何度も見られた。前進していくための数々のスキルはあっても、それはモールが動き始めてこそ生きる。いったん動き始めれば粘り強く進み、止まったように見えても修復して再び前進、我慢できずに相手が故意に崩すなど反則をすれば、さらにタッチキックを蹴ってラインアウトからまたモール…。こんな連続攻撃が可能になるのもモールが動いてこそ。重さへの対抗策はスピードだった。ジャンパーの着地と同時に素早く集まってパックし、前進する優位な態勢を固める。組んだ瞬間の攻防が焦点になった。

相手陣の22メートルラインより内側に入ればトライを奪う、仕留めの武器となったモール。中盤地域ではＦＷの８人全員が参加しないショート・ラインアウトを仕掛け、ラインにＦＷを立たせてアタックするチームも多いが、京産大は８人全員で組むフル・モールを多用してきた。その本意は、モールを組むことで相手選手を一カ所に集めたいからだ。ＦＷが集まって組むモールから離れた場所には、広いスペースが空いている。全力でモールを押して相手ＦＷの足を釘付けにし、体力を奪ってしまいたい。押すことでオフサイドラインをじわじわ上げていき、相手バックスが後退しながら防御する形にして味方バックスを勢いよく走り込ませようとした。

さまざまな工夫と細工を散りばめて完成させたドライビング・モールは大西が考える「豊富な運動量でボール大きく動かすラグビー」を実現するための大切な要素の一つだった。敵陣ゴール前で狙うスクラムトライと同様に、相手に的を絞られて対応されると時間だけを浪費し、試合運びのリズムまで乱すこともあった。そんなリスクを背負う一方で、モールを組んだＦＷがゆっくり進み始めると会場の雰囲気まで完全に京産大ペースにすることができた。

相手に対策を用意されようとも、自分たちのプライドをかけたアイデンティティーとして勝負を挑む。京産大の試合には欠かせないドライビング・モールだった。

ライバル・大体大

京産大のライバルと言えば、どのチームだろうか?さまざまな回答があるだろうが、1校だけ選ぶなら大阪体育大を挙げたい。同じ1960年代に創部し、1980年代から90年代まで同志社大を含め「関西3強」と呼ばれていた。

ライバル意識をむき出しにして覇権を争う両校の試合は本当に激しいプレーが飛び交ったが、試合をより熱くさせたのは「同志社に対抗する新興チームは1校だけ、2校はいらない。挑戦権を持つのは自分たちだ」という潜在意識が両校にあったからだと思われる。京産大から見れば「大体大に負けているようであれば、とても同志社のライバルとは認めてもらえない」。もちろん、それは大体大も同様であっただろう。伝統校に勝つことで歴史を築き、自らの存在を認めさせようとする同じ立ち位置にいた両校だけに、直接対決は互いのプライドを懸けることになった。

対抗心をさらに燃え上がらせたのは、互いを率いた坂田好弘、大西健という両監督の存在だ。坂田が大体大監督を退任する2012年前後まで、大西は「2人で話をしたことさえない。それどころか目を合わすことさえしなかった」と振り返る。火花を散らす対決が続き、当事者たちのライバル意識は苛烈を極めた。

圧倒的なスピードから「空飛ぶウイング」と称された坂田は日本代表キャップ16を持ち、1968年のニュージーランド遠征でオールブラックス・ジュニアを破った一戦で、4トライの大活躍を見せた。遠征後にはNZに単独留学しカンタベリー州代表、学生選抜（NZU）にも選ばれ、オールブラックスに最も近づいた日本人として知られている。2014年にはIRB（現在のワールドラグビー）から日本人初の世界殿堂入りも果たしている。

そして、坂田は京都市左京区にある下鴨中、洛北高から進学した同志社大OBでもある。大西は京産大に赴任した当初、「関西リーグ優勝」ではなく「いつか同志社大と互角に戦えるチームに」という目標を設定したほど明確に同志社大をターゲットに絞っていた。その同大OBであり、スター選手だった坂田への対抗心は尋常ではなかった。「坂田先生はスーパースターで、昔から尊敬もしていた。それに対して私たちは雑草。もちろん意地もあるし、当時は負けたくないという思いがとにかく強かった。飲み込まれないようにと必死だった」と思い返す。

一方の坂田は「30代半ばで監督になった時、すでに大西先生は指導者として経験を積んでいた。選手時代のキャリアがある坂田が率いる大体大に負けられるか、という気持ちがあったのでしょう。ぼくが京産大に立ち向かう何倍もの闘志で大体大にぶつかってきたの

2004年の関西リーグ、大阪体育大戦（11月28日・花園）

では。打倒・坂田が本音でしょう。僕も反対の立場なら、そう考えますから」と柔和な笑顔で話す。近鉄から大学教官へと転職した坂田は関西制覇を目標に掲げ、学生たちを鍛えに鍛えた。そんな2人の思いは口には出さずとも選手に自然と伝わり、燃えさかるライバル対決に油を注ぐことになった。

また、厳しい勝負を繰り返した2人はともに比叡山・延暦寺で千日回峰行を遂げた「阿闍梨さん」に師事している。坂田は光永澄道師、光永覚道師、光永圓道師。大西は叡南俊照師。もちろん偶然の一致だと思われるが、これも両チームの不思議な縁だろう。

大体大は創部こそ京産大より3年遅

い1968年だが、チームとしての歩みは常に先を行っている。Aリーグ昇格は大体大が72年、京産大は74年。全国大学選手権出場は大体大が81年、京産大は82年。関西リーグ初優勝は大体大が85年、京産大は90年。関西リーグ優勝回数は大体大が5度、京産大が4度。この数字を見ても、いち早く頭角を現した大体大を京産大が追いかけてきた歩みが分かる。両校の関西リーグでの対決は2度の順位トーナメントを含め2019年までに計45試合を行い、京産大の24勝18敗3分け。勝ち越しているが、強烈な突破力を武器に一丸となって攻めてくる白と黒のジャージーの迫力を忘れられない京産大関係者も多いはずだ。

また、ともに強力FWを主体とする似たようなチームカラーだったことも激突に拍車を掛ける要因になった。坂田は「大体大はあまり事前に作戦を練るチームではなかったが、京産大との試合前はよく考えた。『スクラムさえ抑えてしまえば大したことないで』と言われても、京産大は絶対に押す覚悟で来る。スクラムで負けると大変なことになる」。菅平・

ダボスの丘でスクラム練習をした京産大のエピソードをヒントに、グラウンド近くの土手に人工芝を張りスクラム練習をしたこともある。「人間同士で組むと下側の選手が危ないので、スクラムマシンを相手に押し上げるようにした」。負荷がかかればバインドの重要性や基本姿勢の大切さを選手は自然に理解する。京産大対策から多くを学ぶことになった。

そんな両チームが急接近する出来事があった。2006年12月24日の花園ラグビー場。第43回全国大学選手権の準々決勝で京産大は法政大と、大体大は明治大と対戦した。第1試合で先に4強入りを決めた京産大の選手はジャージー姿のまま通路に並び、ロッカールームを出てグラウンドへ向かう大体大の選手に声援と拍手を送った。「さあ行こう、体大」「勝ってこいよ」。ライバルの熱い送り出しを受け、大体大の選手は頬を紅潮させてグラウンドへ飛び出して行った。その期待にしっかり応え、大体大も明大を撃破。両校がそろって正月2日の国立競技場での準決勝進出を決めた。同志社以外の関西2チームが同時に4強入りしたのは初めてのことだった。

試合後の記者会見の冒頭で大西は「ここに来るのが遅れましたことをお詫びします。実は第2試合に向かう大阪体育大学さんの送り出しをしていまして…」と事情を説明した。ちょうど1週間前の17日、1回戦の帝京大戦に挑むチームを大体大が送り出してくれた。「思いがけないことで非常に感激しまして。本当に大きな力になって勝つことができた。

われわれも、お礼の気持ちを込めてお返ししたいと思い、送り出しをさせてもらいました」と話した。

この送り出しは、大体大主将の平瀬健志と京産大主将の小西賢一が東海大仰星高の同級生だったことがきっかけだった。共通していたのは打倒関東という思いだ。坂田に「試合前に京産大の送り出しをしたい」と申し出た平瀬主将は「今まで関西は弱いと言われてきた。同じ関西のチームとして頑張ってほしかった」と動機を話していた。この光景を驚いた表情で見ていたのは当時コーチだった吉田明だ。「自分が現役の時では考えられないこと。大体大の選手とは人前で話すこともできない雰囲気だった。関西のためにお互い頑張ろうという気持ちが伝わってきた」。現在でこそ同じ関西勢を応援するのは当たり前のように思えるが、この2チームに限っては決して普通のことではなかったのだ。

そして坂田も言う。「平瀬君は本当にいい主将で、気配りができる選手だった。NZ遠征で練習後にグラウンドのゴミを拾って感謝を示し、現地で驚かれたこともある。この頃から関西のチームを強くしたいという思いが強くなった。お互いに命がけで選手を、チームを作っていますから。ここという大一番では（対抗心など）関係ないんです」。坂田は後に関西協会会長として「関西から大学優勝チームを」と呼びかけ、スポンサー制度の設立や関西大学選抜のNZ遠征などを立ち上げる。

この時の鮮明な記憶が、ライバルから共闘する仲間へと気持ちが変化していくきっかけ

試合会場で話す坂田と大西（布引陸上競技場・2018年10月８日）

になったのだろう。

また、それより以前に坂田、大西の距離を縮めたキューピッド役がいる。坂田の長男・博史だ。京産大が１９９８年にＮＺ遠征に行った際、現地のカンタベリー大に留学していた博史と知り合った。子どもがいない大西は博史をかわいがるようになり、帰国後も交流を続けた。博史のＮＺ留学時の同級生が京産大に留学すれば大西が食事に誘った。京産大の栄養合宿に博史が招かれたこともある。大西は「彼がかわいくてね。親父同士はライバルなのに息子とは仲がいいんです。不思議なものですね」と笑って話していた。

大西と博史の交流は当然、坂田の耳にも入っている。また京産大の戦績が振るわず入れ替え戦に出場した際には、坂田夫人が応援に訪れた。その、返礼の意味も込め大体大の試合に大西の妻・迪子が足を運んだこともあった。博史に大西の印象を尋ねてみると「シーズン時に見る京産大ラグビー部監督としての厳しい姿とは異なる、ひたむきな姿勢、誰にでも平等に接してくださる姿勢、人間味、優しさがあふれていることやラグビーに対する強い哲学や価値観はすごいと思います」という答えが返ってきた。グラウンドで体を張って闘う選手たちの先頭に立つ当人同士は会話すら交わさない状態が継続中ではあったが、根底に相手チームへの絶大なリスペクトがあるのは明らかだった。家族を巻き込んでの交流が進んでいたのである。

そして、2012年10月7日の花園ラグビー場。京産大の開幕戦の相手は、監督として最終シーズンを迎えた坂田の大体大だった。第2グラウンドで試合前のアップを見守っていた大西は、坂田を見つけると足早に駆け寄って挨拶した。「勉強させてもらいます。よろしくお願いします」。試合は前半こそ1トライずつを挙げて競り合ったが、後半に地力を発揮した大体大が26―12で快勝した。すると試合後、大西は再び坂田に挨拶に行き「有り難うございました。今度は全国大学選手権でお手合わせをお願いします」と頭を下げた。この年の京産大は2勝5敗の関西7位で大学選手権出場を逃し、再戦の約束は果たせないままシーズンは終わった。

それから7年後の2019年。今度は大西が勇退のシーズンを迎えた。当時、関西協会の会長だった坂田はNZ遠征する関西学生選抜監督を大西に依頼、大西も快諾して3月下旬から2週間の遠征に臨んだ。他校との選手ともコミュニケーションを深める貴重な機会となり、「いい思い出になりました。坂田先生のおかげです」と目尻を下げた。

大西の退任パーティーをOB会が2021年7月に予定している。招待客として招かれている坂田は、とっておきの記念品を用意して心待ちにしている。それはオールブラックスのビンテージ・ジャージーだ。坂田はラグビー関連の美術品、骨董品の収集が趣味であり、京都市左京区の自宅2階をギャラリーにして飾るほどのマニアだ。「貴重なジャージーなんですよ。これはいいと思って取り寄せたんです」と満面の笑みを浮かべて語る。「大西さんには協会でも活躍してほしいが、そういう雰囲気の人ではないかな。でも、ラグビーのために行動してくれると思う」と再スタートに期待を寄せる。

「チームで闘っているけど、最終的には監督同士の闘いですわ。大西先生も真っすぐだし、チームも真っすぐ。こっちも真っすぐだから強烈な闘いになるわけです。お互い中途半端ではなかったから好敵手になれた。ラグビーを通じてめぐりあった良き友です」

人は人から学ぶ

関西大学Aリーグの中位に定着した1980年代の始め。リーグ下位で入れ替え戦に回るなど苦しんでいた70年代とは違い、チームとしての実力は着実に上昇していたが、新しい難題も次から次へと噴出していた。

毎朝のウエートトレーニング、夜遅くまで続く厳しい練習、それに対する学生の不満。それでも結果が出ればチームはまとまるが、もちろん常に勝利が約束されているわけではない。勝てなければ練習中も重苦しい空気が漂い、学生たちに迷いが生まれ、ネガティブな声も聞こえてくる。「この練習で本当に勝てるのか」「頑張って練習しても無駄なのでは」。30歳過ぎだった大西も自分のラグビーの限界を感じるようになり、指導することに苦痛すら覚えていた。

大きな転機が訪れたのは、三原正也（大分舞鶴）が主将となった1982年。偶然、ひとりの学生から「赤山禅院（京都市左京区）に偉いお坊さんが来るらしい」と聞いた大西は、学生たちが見聞を広める機会になればと法話を聞きに行かせることにした。赤山禅院は比叡山・延暦寺の塔頭であり、遣唐使とともに唐に留学した慈覚大師・円仁の遺命によって平安時代に創建された名刹だ。京都市中心部から東に望む比叡山の麓にお寺はあり、春夏は新緑のさわやかな緑に包まれ、秋から冬にかけては燃えるような紅葉が楽しめる京都らしい古刹である。京都産業大からはバイクで20分ほどの距離にあった。

本堂でお経を聞き、僧侶から説法を聞く。学生たちと一緒に訪れた大西は、千日回峰行を満行し「大阿闍梨（おおあじゃり）」と呼ばれる叡南俊照（えなみ・しゅんしょう）師と出会った。これを契機に大西は熱心に赤山禅院や延暦寺に足を運ぶようになり、教えを請うていく。2人の関係はそれから現在に至るまで40年近く続くことになった。

千日回峰行とは天台宗の荒行で、7年かけて行われる。1〜3年目は毎日30キロの行程を260カ所以上で礼拝しながら年間100日、4、5年目は200日行う。ここで最大の難行といわれる「堂入り」を迎える。9日間、お堂に入り、一切の食事や水、睡眠を断ち、真言を10万回唱え続ける。人間の欲求を否定する苦行は「生き葬式」とも呼ばれている。6年目は赤山禅院への往復も加わり約60キロの行程を100日、7年目の200日には比叡山、赤山禅院から京都市内を巡礼する全行程84キロに及ぶ「京都大回り」も含まれる。7年で歩く総距離は地球1周分の4万キロに及ぶという。この荒行を叡南俊照師は1974年から始め、満行していた。

この時の縁から主将や副将、主務らリーダーたちが、叡南俊照師が赤山禅院を訪れる毎月15日に通うようになった。庭や本堂を掃除し、お小遣いを頂くこともあった。大西や学生たちは「阿闍梨さん」と慕うようになり、大雪で千日回峰行の山道が崩れれば学生たちがスコップを手に復旧作業を買って出た。シーズン節目の試合前に行っていた栄養合宿には叡南俊照師から差し入れが届くことも恒例だった。普段は「保護者らの競争になっては困るから」と差し入れ主の名前を公表しない大西だが、「今夜のすき焼きの肉は阿闍梨さんから届いた。みんなで味わって頂こう」。そう声をかけ、鍋をつついた。

交流が深まると、大西は公式戦の翌日には結果報告に出向くようになった。京都市西京区の自宅を朝5時過ぎに出て、1時間ほどで滋賀県大津市坂本にある延暦寺の律院に到着する。お堂での朝のお勤めに参加し、招かれた律院で住職を務める叡南俊照師に試合の結果を伝える。この席には大西だけでなく阿闍梨さんを慕い、交流している各界の人たちが集う。大西は決して多くを語るわけではないが、阿闍梨さんは静かにうなずきながら話を聞いてくれる。大西は言う。「勝った時にだけ報告に行くのでは意味がない。勝った時も、負けた時も必ず報告に行きました」。それは1982年以降、1度も欠かすことはなかった。

2018年11月。関西リーグ優勝をかけた最終戦で天理大に完敗した翌日も早朝に大西は律院を訪れた。晩秋の山の冷気を吸い込んだ庭のモミジが息をのむほど鮮やかに色づい

「楽志」の色紙

ていた。この日、話題になったのは「怒る」と「叱る」、「褒める」と「おだてる」の違い。大西を含めた数人が叡南俊照師の話に耳を傾けた。別れ際、「来月から大事な全国大学選手権ですね。頑張って下さい」と激励された大西は「有り難うございます。頑張ります」と静かに答えた。

ラグビーに迷い、悩み続けていた大西は阿闍梨さんの言葉に救われたことがある。何度も足を運び、頂いた言葉が「楽志（らくし）」だ。目標を達成しようともがくのではなく、目標に挑戦できる喜びを感じ、その過程を楽しもう――。自らが立てた志を存分に楽しめ、という意味だと大西は受け止めた。この言葉は、千日回峰行中だった叡南俊照師が山田恵諦・天台座主から贈られたものだった。

「楽志」という二文字がすとんと胸に落ちた大西は再び学生指導への熱意を取り戻していく。どうしようもないほど干上がった砂漠が一滴の水で潤いを取り戻すこともある。かつて千日回峰行に挑んだ叡南俊照師が救われたように、大西も寸前のところで命を救われたのだ。この言葉に出会うことがなければ、大西の指導者としての未来はなかった。

同じ1980年代の半ば、グラウンドで新たな交流が始まっていた。大西が電話を掛けた先は慶応義塾體育會蹴球部（慶応大ラグビー部）。知り合いもいない。ツテも、コネもなかった。正面から「京都産業大で監督をしている大西と言います。練習試合をしてもらえないでしょうか？」と率直に頼むしか手段は思い浮かばなかった。

この何とも無謀に思える一方的な打診を、1899年創部という日本ラグビーのルーツ校はなぜか快く受けてくれた。毎年5月のゴールデンウィークに東京遠征に出かけ、慶応大の日吉グラウンドで試合を行うのが恒例になった。それは京産大が全国4強入りするようになり、強力スクラムを高く評価されるようになっても変わらず続いた。「伝統校に挑戦することで、歴史の浅い我々も伝統を築いていけると信じていました。やっぱりスクラムは慶応ですから。たくさん勉強させてもらいました」。現在は、春に公式戦のトーナメントが実施されるようになり、この関東遠征は中断している。

京産大ラグビー部は長い間、陸上部なども使う総合グラウンドで練習していたが、20

慶応大を招いての記念試合（2007年４月８日・神山球技場）

０７年3月に全面人工芝の「神山球技場」が完成した。サッカー部との共用だが、照明設備やミーティング室、ウエートトレーニング室、約８００人を収容できる観客席も併設されている。こけら落としの記念試合の相手には、20数年交流してきた慶応大を選んだ。

前日には京都市内のホテルで交流会が催され、両チームの主将が挨拶、チームの記念ペナントを交換した。４月８日の試合は、ハガキで応募し当選した満員の市民が見守る中でキックオフ。慶応大は伝統の「黒黄」、京産大は「赤紺」のファーストジャージー姿で行われた。

京産大は前半21分に先制トライを許し、28分にスクラムで認定トライを奪ったもののロスタイムに再び勝ち越され７―14

で折り返し。後半は2トライずつを奪う白熱した展開となり、慶応大が28―21で勝利した。春シーズンながら互いに好タックルを連発、引き締まった好試合になった。

慶応大は、４月は身体づくりに主眼を置き、練習試合は5月から始めるのが慣例だった。試合後、当時の林雅人監督は「正直、今回の試合は時期的に難しかった。でも、（招待試合に）指名してもらえるのは幸せなこと。来るべきだと思ったし、来て良かった」と報道陣に笑顔で話した。ちなみに慶応大は、全部員が投票で選んだ「ベストメンバー」で臨んだ。まだ指導者が選抜できる段階ではないから選手たちで互選したのだという。こんな細部にもラグビーチームとしての姿勢が反映されていた。

早春の京都にまで足を運び、決して手を抜かず熱戦を繰り広げた。勝敗だけでは語れない風格、振る舞い、真摯な態度。大西が憧れる理由はいくつもあった。

最後の講義

2017年11月25日、京都・西京極陸上競技場で近畿大と対戦した。その前週、京産大は勝った方が関西リーグ優勝という大一番で天理大に7―45で完敗していた。チームをまとめていたのは主将の中川将弥（4年）。奈良・御所実高でも主将を務めたが、花園出場を逃している。その前後の学年は全国準優勝を果たし、悔しさを胸に入学してきた。そして、リーグ最終戦が彼の人生を大きく変える一戦になった。

近大はここまで2勝4敗と元気がなかったが、京産大には例年、闘志をむき出しにして挑んできた。7勝0敗で全勝優勝した天理大からも4トライを挙げ、27―42と健闘していた。勢いに乗って畳みかけてくる攻撃的なスタイルを京産大は苦手にしており、接戦にもつれることも多かった。7月の春季トーナメントでも対戦。京産大が24―19で競り勝ったものの試合内容は五分に近く、冬の再戦も激戦が予想された。そして、試合当日。予想通り、京産大には苦しい展開が待っていた。

前半4分、FWが連続して縦を突くプレーで前進し、ナンバー8武田知大（3年、尾道）

のトライで幸先良く先制したが、7、16分に連続トライを許し逆転された。21分にスクラムからＣＴＢ田畑凌（３年、報徳学園）の突破をきっかけに快足のＷＴＢ浜田将暉（３年、京都成章）がトライを奪い再びリードしたが、そこから2連続トライを許しスコアを覆されてしまった。

近大は自陣からでも積極的に展開し、京産大の防御が薄くなりがちな外側へボールを運んで攻め続けた。ＦＷとバックスが連係して助け合うように防御する京産大は中央付近の守りは手厚いものの、選手が中央に集まり過ぎる傾向もあった。さらに、近大主将のＳＯ喜連航平（４年、大阪桐蔭）のキックにも悩まされた。グラウンドの左右奥に巧みなロングキックを蹴り込まれて陣地を奪われ、背後に落とされたボールの処理を誤ればたちまちピンチを招いた。京産大が優位に立ちたい接点でのプレーも互角で、試合の流れを見失っていた。

もともとスロースタートな試合が多いチームとはいえ、前半を終えて12―27。既に京産大の関西2位は決まっており、最終目標である全国大学選手権の対戦相手もほぼ絞られていた。チームを完成させるシーズン終盤に来て、下位チームに苦戦するゲーム内容でいいのか?これで本当に関東勢に勝てるのか?そんな焦りの声が聞こえてきそうな試合展開でハーフタイムを迎えた。

ロッカールームで気合を入れ直したのだろう。後半、15点を追う京産大のプレーは激しさを増した。この試合を必ず制するという闘志に火が付き、ゲームの流れを変えようと主将の中川は先頭に立って獅子奮迅のプレーを繰り返した。18分、テンポをずらし内へ切れ込んだSO中村悠人（3年、東海大福岡）がうまく抜けだし、WTB浜田につなぐトライで17―27。だが、そこからはスコアが動かず膠着状態に入った。

24分を過ぎた頃。京産大はラインアウトから右展開、敵陣右奥でラックができる。速いタイミングで今度は逆目となる左へ展開した。ボールを待っていたのは、起点となったラインアウトでスローイングをした中川。パスを受けて突進しようとした瞬間、激しいダブルタックルを見舞われた。自陣の方へ体を戻され、そのままグラウンドに倒れた。直後のプレーがノット・リリース・ザ・ボールの反則となり、プレーは中断した。グラウンドには中川と近大の選手が倒れていた。近大の選手はやがて起き上がったが、中川は動かない。チームトレーナーの淡路靖弘らが駆け寄り、体をチェックする。首の左右に固定する用具をつけられ、担架に乗せられ退場した。この時、淡路が足を触っても中川には感覚がなかったという。すぐに救急車に乗って京都第二赤十字病院へ搬送された。

試合は38、44分に京産大が連続トライを挙げて31―27で逆転勝ちし、リーグ6勝目を手にした。だが、その夜。大西は緊急の電話を受けた。

病院に到着した大西は、頸椎損傷という検査結果を知らされた。背中から首を支える骨が強い衝撃を受け、神経が通う脊髄が損傷する大けがだった。中川は泣きながら、なぜか大西に「先生、すみません。すみません」と何度も謝った。大西も泣きながら中川の体をさすった。病室には元木由記雄コーチらスタッフが全員集まっており、みな泣いていた。

救急車に乗っている時から、中川に両足の感覚はなかった。病室のカーテン越しに「首から下が動かないかもしれません」という医師と家族の会話も聞こえていたという。手術後はベッドから動けず、高熱と不安定な血圧に悩まされた。年が明けた1月から本格的なリハビリが始まった。

ラグビーという激しいコンタクトプレー、ぶつかり合う場面が続くスポーツを学生に教えてきた大西は、「40年以上、今まで１人の重傷事故者も出していない」ということを大きな誇りにしてきた。「大きな事故を出すことだけは絶対に許されない。選手を守るのが指導者の仕事」と肝に銘じ、ウエートトレーニング主体の朝練習も、ハードワークを課すグラウンドでの練習も、体づくりのための栄養合宿も、すべては強化と同時に選手の体を守るという意味合いが強かった。それが試合中の出来事とはいえ、重傷事故者を出してしまった。沈痛な表情を浮かべて自宅に戻った大西は「言い訳はしません。全ては自分の責任。一生、背負います」と覚悟を示した。

チームは12月16日、第54回全国大学選手権1回戦で法政大に快勝。序盤から連続トライを浴び0—24まで離されながら、そこから猛反撃して55—31で振り切った。この一戦には「中川が戻って来るまで勝ち続けようと」と全員で気持ちを高めて臨み、退場者が出て14人で戦うピンチを乗り越えての勝利だった。続く明治大との準々決勝前夜、中川から届いたビデオレターをミーティング時に全員で見た。「法政に勝ってくれてうれしい。みんなの頑張りがリハビリのパワーになる。明治戦も絶対に勝ってくれ」。病院のベッドの上から必死で訴えかけた主将のメッセージに応えようと、チームは闘志を燃やして挑んだ。

中川の代わりにフッカーとして先発出場した宮崎達也（3年、伏見工）は奮闘し、右プロップ酒井健汰（4年、春日丘）は「ぼくの隣には中川君がいると思ってスクラムを組んだ」と振り返った。6点を追う後半、11、15分に連続トライを挙げ、後半20分過ぎまで14—6とリードを保った。再び追いかける展開になっても、中川と高校時代からのチームメートト、CTB坂本英人が32分にトライ（ゴール）を決め猛追した。だが一歩届かず、21—27で惜敗。何としても勝ちたい一戦で選手たちは執念を見せたものの力尽き、大西は「今まで勝って泣いたことはありますけど、負けて泣いたのは初めてです」と目を潤ませた。中川たちのシーズンが終わった。

社会人でのプレー中に大けがを負い、車いす生活を送っているOBがいる。平井清之（1

990年入学、八幡工）。ロックやナンバー8などFWの中心選手として活躍し、1993年12月の第30回全国大学選手権で、初めて早稲田大を破った際のメンバーでもある。就職した本田技研鈴鹿（現ホンダ）の3年目、1996年のシーズン。関西社会人リーグの試合中に頸椎損傷の大けがを負った。

平井がリハビリのために入院していた兵庫県明石市の病院へ、大西は2週間に1度、電車で片道2時間ほどかけて会いに行った。また、労災認定を受けられるように会社と粘り強く折衝を続けた。「本当によく通いましたね。何とか励ましたいという一心だった」と話す。

平井は「退院するまで1年半ほどずっと通って頂いた。先生はチームの近況を話すくらいで、特段何か言うわけではない。卒業して3年も経つのに、子どものように思ってくれたのか。大学時代の練習を思い出して頑張れというメッセージなんだと自分は受け止めた」と思い返す。大西は、そんな教え子からの手紙を額に入れ、自宅に飾っている。

「いつも明石まで来ていただいてありがとうございました。とても心強く、本当に感謝しています。これから先生のおかげでできるようになった仕事を頑張り、会社に必要とされることが、こんな自分にできる先生への恩返しだと思っております。先生、僕にできることがあるなら、すぐに駆けつけます。先生の情熱、一生忘れません。これからも、どう

後輩の応援に駆けつけた平井清之（1997年12月23日・花園）

かよろしくお願いします」

「大西先生、いつもお見舞いに来ていただきありがとうございます。先生のおかげで労災も決まり、家族も大変喜んでおり、本当に感謝しております。今年の京産大の快進撃を観て僕も負けぬ様にリハビリを頑張っています。このままリーグ優勝をし、全国制覇して下さい。僕は先生から教わったチャンピオンシップを持ち続け、自分に負けることなくいつか歩くことを目標に頑張っていきます」

1997年12月23日。花園での全国大学選手権の準々決勝、早稲田大との一戦を平井は車いすに乗って観戦に訪れた。関西ファンが多く駆けつけ、69―18で大勝した試合だ。試合後、後輩の応援に来た平井を見つけると大西は泣いて喜んだ。「試合に勝ったから泣いているんじゃないんです。平井が見に来てくれたことが嬉しいんです」と報道陣に話した。平井は数か月前に退院したばかり。観戦できるまでに回復したことが大西はうれしかったのだ。その後も平井が試合会場に姿を見せると、大西は「おい、フォワード」と選手を集め、選手たちが車いすに乗った平井を観客席まで運んだ。その光景はずっと変わらなかった。

平井が鮮明に覚えているのは、菅平合宿での一コマだ。スクラム練習のためにダボスの丘に登ろうとしていると大西と出会った。「きーちゃん、おれの背中を押してくれよ」と頼まれ、大西の背中を押しながら山道を登った。その途中で聞いた話だ。「昔な、千日回峰行で比叡山を登るお坊さんがいて、そのお坊さんを後ろから棒で押して助ける役目の小僧さんがいたんや。そこから『後押し』という言葉が生まれたそうやで」。そして、言葉を続けた。「なあ、きーちゃん。常に人を後押しできるような人間にならなあかんで」

今、平井は会社の若手選手から相談を受けることがある。「自分も、後押しができているのかな」。菅平で過ごした夏の日をふと思い出す。

中川が負傷した試合から数カ月後。大阪府枚方市の病院でリハビリに取り組む教え子を大西は毎週のように見舞った。春のオープン戦を終えた日曜日の夕方か練習のない月曜日。

スクラムを指導する大西と中川（2019年３月20日・神山球技場）

ロビーに入っていくと、中川は松葉杖を使いながら歩行訓練の途中だった。右、左、そしてまた右、左と一歩ずつ。大西は「おーい。元気だったか」と笑って近づくと、そっと手を差し出す。握手を交わすと「おっ。握力、また上がってい るやないか」と表情を崩した。

中川は神山球技場で練習していた時と変わらない、屈託のない明るい表情でリハビリに取り組んでいた。「自分の場合は、治るのが前提として考えているんで。けがをして、いろんな人に支えられていることが分かった」と話した。大西は「明るい顔を見れるのがうれしい。もちろん、私たちには見せない悩みもあると思いますが。自分たちも頑張らないといけないと思います」と胸中の思いを語った。

現役復帰を目指す中川の病室には、関西リーグのライバル校から贈られた千羽鶴が飾られていた。紺とグレーは同志社大、紺と黄色は立命館大、オレンジと青は関西学院大…。これらは同志社大で主将を務めた同期の野中翔平（近鉄）が各校に呼びかけて実現したものだった。各校のチームカラーが揃うことの意味の大きさを、もちろん中川は知っている。また病室には行列ができるほど、ひっきりなしに多くの見舞客が訪れ、中川を励ました。リハビリ、自宅療養を終え、２０１９年春に復学。その年は神山寮でラグビー部員たちと一緒に暮らし、リハビリを続ける一方で後輩たちを指導した。自らの就職活動も続けた。

２０１９年7月19日。翌年2月で70歳となり3月に教授として定年を控える大西は教員生活最後となる授業に臨んでいた。幅広いスポーツ関係者を招いて現場の声を学生たちに伝える「スポーツと人間形成」という名物講義で、大西が10年ほど前から担当教官を務めてきた。ゲストスピーカーに招かれたのは競泳や柔道など元オリンピック選手、プロ野球やラグビーの元選手、新聞やテレビなどメディア関係者、医療関係者など、大西が自らの人脈を生かして登壇依頼を続けてきた。当初の受講生は体育会クラブに所属する学生が中心だったが、評判が広がり、年を追うごとに一般学生も増えていた。自らの最終講義のゲストスピーカーとして白羽の矢を立てたのが中川だった。

教え子ながら懸命にリハビリを続ける姿を見守り続け、最適の講演者が身近にいたと気づいたという。「彼の体験を、これからの時代を生きていく学生たちに聞かせたい。社会に出たときに必ず役に立つときが来る。中川の声を多くの学生たちが聞いて、また意見を中川に言ってほしい。『白熱教室』みたいになったら、いいんですけどね」と笑って話していた。

当日の講義には約300人が詰めかけた。後輩のラグビー部員の顔もあった。車いすに乗って登場した中川は自らの体験を率直に語りかけた。事故があった試合当日のこと。自分の足の感覚がなく、怖くなって泣いたこと。その夜に半身不随になるという医師の会話を聞いてしまい絶望しかけたこと。リハビリは想像以上にしんどかったが、多くの人が見舞いに来てくれ頑張れたこと。40日寝たきりの入院を経て外出したら、降り注ぐ太陽の光にも有り難さを感じたこと…。

車いすで店に入ると小さな段差があるだけで困ってしまう「当たり前のことができない苦労」を正直に打ち明けつつ、「ドアを開けてくれたり、そっと手助けしてくれる優しい人が必ずいる。人の温かさ、つながりの大切さ。けがをして気づいたこともたくさんある」と新たに発見した喜びも素直に話した。当たり前のように思っていたことが、実は当たり前ではないことにも気づいた。毎日の生活の中で学び、感謝する機会が増えた。そして、必ず選手復帰するという希望を力強く宣言した。「僕自身、その目標に向かって夢中になれているので、けがをする前より楽しいくらい。勇気を持って、いろいろなことにチャレンジできるようになった。だから、今という時間を大切にして、みんなにも頑張ってほし

2019年の関西リーグ、天理大戦（11月30日・西京極陸上競技場）

学生と一緒に走る大西（2019年６月９日・神山球技場）

い」と夢を追いかける大切さを訴えた。

笑顔を絶やさず中川が語り終えると、大西はマイクを手に教室を歩き回って学生たちに意見を求めた。次々に手が上がったわけではないが、衝撃の体験談に驚きながらも素直に反応する学生たちの意見が飛び出した。

「今まで、まちで車いす利用者を見ても、どう声をかけていいのか分からなかった。でも今日の中川さんの話を聞いて次は声を掛けて役に立ちたいと思った」「身近に障がい者がいる。前向きに明るく生きている中川さんの話を帰省したらぜひ話してみたい」

学生だけでなく聴講に訪れた企業やマスコミ関係者らも感想を述べた。ある大学職員は「中川君の話を聞いて感動しました。本当に素晴らしい。私が民間企業の社長なら絶対に彼を採用します」とユーモアたっぷりに講評し、大きな拍手を浴びた。

マイクを引き取った大西は学生たちに語りかけた。「障害は決して特別なことではなく、個性です。大切なのはお互いの違いを、個性として認め合うことです。お互いに人としての尊厳を傷つけない社会、それが共生社会だろうとぼくは考えています。気を遣い合って遠慮するのではなく、例えば、電車で妊婦さんが立っていれば席を譲るでしょう？女性が困っていれば、男なら力を貸してサポートしますよね。特別なことではなくて、互いが認め合うこと。それが、われわれが暮らす社会で大切なことなのでは」と呼びかけた。

ラグビー指導者として47年の歳月を過ごした大西が最後の講義で学生に訴えたテーマは共生社会だった。それは大西自らが平井清之、中川将弥という教え子を身近で見守ってきた体験を基に考えを深めてきたものだ。あえて言葉にはしなかったが、これから長い人生を歩んでいく若者たちに向けて「どう生きるのか」「どう他人を支えていくのか」という大きな問いが含まれていた。中川はゲストスピーカーの大役を果たし、大西の最終講義は幕を閉じた。


中川は2020年4月、島津製作所へ入社した。ノーベル賞受賞者も輩出した京都が誇る名門企業への就職が決まった際の大西の喜びは相当なものだった。自分が大学教授でいる間に、中川の進路にはっきり道筋をつけることは自分の役割だという強い思いがあったからだ。この頃の大西は、中川の就職を最優先に考えて行動していた。定年という節目を前に新聞やテレビのインタビューで指導者生活の思い出を聞かれても、名勝負と一緒に必ず中川のことに触れて率直に話した。

そして第一線の指導現場から退いた現在も、平井や中川への思いが揺らぐことはない。彼らの人生はそのまま自分の人生であり、それは一生続く。そう信じて、疑わないはずだ。

試合日の早朝５時半。走り込むメンバー外の選手たち
(2019年11月17日・京産大総合グラウンド)

あとがき

大学ラグビー部の監督としての大西健を、地方紙の運動記者として長く取材してきた。その経緯は序文に書いたが、冬は震えるほど寒く、夏は厳しい酷暑の京都にあるグラウンドへ通い続けたのは、チームが「日本一」になった時の準備のためだった。学生と一緒に夢を追いかけ目標をつかむまでの道のりを、どのメディアより詳しく読者に伝えたいと考えていた。何度も足を運ぶうちに、少しずつ分かってきた。「日本一の猛練習で学生を厳しく鍛え上げる監督」という世間に知られた人物像は決して間違っていなかったが、素顔にはそれだけではない奥行きがあることを。鬼のような形相で勝負に立ち向かうかと思えば、慈悲深い愛を惜しみなく学生に注ぐ。両極端に思える二面性をどう保ち、そのエネルギーはどこから湧いてくるのか。見極めたいと思ったのだ。

全国優勝を本気で狙う競技スポーツである以上、練習に妥協はない。学生に甘い顔は見せず、機嫌をとることもしない。でもグラウンドを離れると、頑固一徹の表情が和らぎを見せた。クラブハウス2階の窓から顔を出し、やっと控えメンバーに入れた学生を笑顔でたたえる。スマートフォンの使い方を学生に質問し「お前、そんなことも分からんのかとバカにしたやろ」と笑い合う。バイクの学生が雪道で転倒した場面に通りがかり、病院へ車で運び入院手続きまでしたこともあった。年末年始に帰郷できない留学生たちを自宅に招き、おせち料理を振る舞って「日本の正月」を体験させることも恒例だった。

練習中とは違う大西の表情を垣間見た学生は驚きながらも、どこか少しうれしそうだった。大西も試合の結果や多くの体育会クラブが抱える数々のトラブルに振り回されながら、学生たちとの付き合いを楽しんでいるように見えた。だが、部員全員を前にした時は、そんな親密さを態度に表すことは一切なかった。なれ合いの関係になることを強く拒み、学生から嫌われることも平然の表情で引き受けた。

大西にとって、学生と濃密な時間をともに過ごすグラウンドがすべての中心地だった。そこは共通の意思を持った自分たちだけが存在する場所であり、チームとは同じ目標を目指す気持ちでつながっている、いわば同志だ。周囲に誤解を招くことがあっても、「口で言ってしまえば値打ちがない」と学生に必要以上の説明をすることは避けた。言葉で表現しなくても、「自分たちは厳しい練習を一緒に乗り越えてきた」という絶対の信頼感が胸奥にあり、それは決して声高に言うべきことではないと考えていたのだろう。学生と一緒に闘うという姿勢は、試合後のインタビューで「挑戦する立場の私たちは…」「…それが私たちの目標でしたから」と、常に「私たち」という主語を使って話すことからも伝わってきた。指導者と学生をつないだ純粋なまでの関係性。それを、事実と一緒に書き残したいと思った。

もう、数十年以上も前のこと。刑事事件となり、国内を大きく騒がせた大学ラグビー界の不祥事があった。翌年の夏、当該チームが長野県・菅平高原を訪れたが、練習試合の相手を務めるチームはなかった。だが、「試合が組めずに困っている」という話を主務から伝え聞いた大西は試合相手を申し出た。京産大が使っているグラウンドに招いて、Aチーム同士で試合を行った。数年後、試合を行った理由を聞くと素っ気なく「同じラグビー仲間ですから。困っている時は助けるのが当たり前だと思いました」。友情とは言葉でなく、行動で示すもの――。そのように考え、自分の行動で学生たちを導こうとしたのだろう。言葉だけでつながる関係性とは明確に一線を引いて。

万感の思いがかなった勝利もあれば、今も無念さが消えない敗戦もあった。例えば、チームの努力の証であるスクラムに固執せず割り切って柔軟に戦えば、違った試合展開もあったかもしれない。でも、それが自分たちの道だと信じ、突き進むことを選んだのだ。指導者が覚悟を決めスクラムにこだわったからこそ、望外の結果に恵まれた。努力することの大切さを多くの学生が学んだ。そして、プライドとこだわりを持つ一途なチームは、見る人の気持ちを時に大きく揺さぶった。

今までの多くの取材の積み重ねで本書を構成、執筆することができた。出会ったすべてのラグビー関係者に感謝したい。そして、京都産業大ラグビー部ＯＢ会の加藤剛会長をはじめ、創部から現役まで歴代の全部員に厚くお礼を述べたい。みなさんの存在がなければ、何も生まれなかったのだから。全ての敬称を省略させて頂いた。ご了承ください。

２０２０年11月17日

宮部真典

主要参考文献

1974年9月30日　京都新聞朝刊
1982年12月19日　京都新聞朝刊
京都産業大学世界問題研究所所報「世界の窓第7号」
1987年12月6日　日刊スポーツ
1988年12月26日　京都新聞朝刊
1990年11月12日　京都新聞朝刊
1990年11月24日　京都新聞朝刊
1990年11月24日　日刊スポーツ
日本ラグビー激闘史1990—91年度（ベースボール・マガジン社）
高校ラグビー図鑑（ベースボール・マガジン社）
近代・大学ラグビー図鑑（ベースボール・マガジン社）
1991年11月24日　京都新聞朝刊
1991年12月23日　京都新聞朝刊
1993年12月27日　日刊スポーツ
1994年12月4日　京都新聞朝刊
1995年1月3日　京都新聞朝刊

1997年12月7日　京都新聞朝刊
1997年12月24日　京都新聞朝刊
1998年1月3日　京都新聞朝刊
1998年1月3日　日刊スポーツ
2006年12月27日　京都新聞朝刊
2011年12月11日　京都新聞朝刊
全国主要大学チーム2016年度写真名鑑（ベースボール・マガジン社）
花園90年（ベースボール・マガジン社）
日比野弘の日本ラグビー全史（ベースボール・マガジン社）

写真提供

京都新聞社

大西健　年譜

1950年（昭和25）　2月19日、東京都練馬区で生まれる

1962年（昭和37）　大阪市立高倉中に入学。ラグビー部に入部。ポジションはスタンドオフやウイング

1965年（昭和40）　啓光学園高校に入学。ラグビー部ではフランカーやナンバー8。3年時は副将として第47回全国高校大会に初出場。ベスト16入り

1968年（昭和43）　天理大に入学。関西大学リーグは3勝4敗の5位

1969年（昭和44）　天理大2年。関西大学リーグは4勝3敗で3位。第6回全国大学選手権は1回戦で法政大に0―39で敗退

1970年（昭和45）　天理大3年。関西大学リーグは7勝0敗で優勝。第7回全国大学選手権は1回戦で日本体育大に5―42で敗退

1971年（昭和46）　天理大4年。関西大学リーグは6勝1敗で2位。第8回全国大学選手権は1回戦で明治大に9―42で敗退

1972年（昭和47）　藤井主計監督の下で天理大コーチ

1973年（昭和48）　京都産業大に講師として赴任。関西大学Bリーグ7勝0敗。入れ替え戦なしでAリーグに昇格

1974年（昭和49）　Aリーグ2勝6敗、8位（参加9校）

1975年（昭和50）　Aリーグ4勝3敗、4位
1976年（昭和51）　Aリーグ3勝4敗、4位
1977年（昭和52）　Aリーグ1勝6敗、8位
1978年（昭和53）　Aリーグ2勝5敗、7位
1979年（昭和54）　Aリーグ4勝3敗、4位
1980年（昭和55）　Aリーグ5勝2敗、3位。関西第3代表決定戦で中京大（東海）に10―29で敗退
1981年（昭和56）　Aリーグ3勝4敗、5位
1982年（昭和57）　Aリーグ5勝2敗、3位。天理大から初勝利。関西第3代表決定戦で名城大（東海）を37―4で下し、全国大学選手権に初出場
1983年（昭和58）　Aリーグ5勝1敗1分け、2位。日本大から全国大学選手権初勝利を挙げ、初の4強入り
1984年（昭和59）　Aリーグ5勝2敗、3位。関西第3代表決定戦で中京大に16―34で敗退
1985年（昭和60）　Aリーグ6勝1敗、2位。2度目の全国大学選手権4強入り
1986年（昭和61）　Aリーグ5勝1敗1分け、2位
1987年（昭和62）　Aリーグ6勝1敗、3位。同志社大から初勝利。関西第3代表決定戦で中京大に56―8で勝利

1988年（昭和63）　Aリーグ4勝2敗1分け、3位。関西第3代表決定戦で中京大に27―16で勝利

1989年（平成元）　Aリーグ5勝2敗、3位。関西第3代表決定戦で中京大に42―25で勝利。5年連続で全国大学選手権に出場

1990年（平成2）　英国遠征し、ケンブリッジ大に24―25で敗戦。Aリーグ7勝0敗、創部26年目で初優勝。全国大学選手 権で3度目の4強入り

1991年（平成3）　Aリーグ6勝1分け、2位

1992年（平成4）　Aリーグ5勝1敗、2位（参加7校）

1993年（平成5）　Aリーグ6勝1敗、2位。早稲田大から初勝利。全国大学選手権で4度目の4強入り

1994年（平成6）　Aリーグ6勝1敗、2度目の優勝。10年連続で全国大学選手権に出場、5度目の4強入り

1995年（平成7）　Aリーグ6勝1敗、2位

1996年（平成8）　Aリーグ6勝1敗、2位

1997年（平成9）　関西学生代表監督としてニュージーランド学生代表と対戦。Aリーグ7勝0敗、3度目の優勝。全国大学選手権で6度目の4強入り

1998年（平成10）　学生東西対抗試合の西軍監督。Aリーグ7勝0敗、4度目の優勝

1999年（平成11）　学生東西対抗試合の西軍監督。Aリーグ4勝3敗、3位。全国大学選手権に15年連続出場。
2000年（平成12）　Aリーグ4勝3敗、4位
2001年（平成13）　Aリーグ4勝3敗、5位。関西第5代表決定戦で徳山大（中国）に90―0で勝利
2002年（平成14）　Aリーグ5勝2敗、2位
2003年（平成15）　Aリーグ5勝2敗、3位
2004年（平成16）　Aリーグ4勝3敗、順位決定トーナメント4位。20年連続で全国大学選手権に出場
2005年（平成17）　Aリーグ6勝1敗、順位決定トーナメント3位。クリス・ミルステッドコーチが加入
2006年（平成18）　Aリーグ6勝1敗、2位。吉田明コーチが加入。全国大学選手権で7度目の4強入り
2007年（平成19）　Aリーグ5勝2敗、2位。神山球技場が完成
2008年（平成20）　関西学生選抜の代表監督として香港遠征。Aリーグ2勝5敗、8位。入れ替え戦で龍谷大と対戦し残留。京産大監督を辞任
2009年（平成21）　京産大総監督に就任。Aリーグ2勝5敗、6位
2010年（平成22）　Aリーグ3勝4敗、5位。関西第5代表決定戦で朝日大（東海）

に29―13で勝利

2011年（平成23）　Aリーグ2勝5敗、7位。入れ替え戦で大阪産業大と対戦し残留。京産大監督に復帰

2012年（平成24）　Aリーグ2勝5敗、7位。入れ替え戦で花園大と対戦し残留

2013年（平成25）　Aリーグ5勝2敗、3位。3年ぶりに全国大学選手権に出場。元木由記雄コーチが加入

2014年（平成26）　Aリーグ5勝2敗、2位。クリス・ミルステッドコーチが再加入

2015年（平成27）　Aリーグ3勝4敗、5位

2016年（平成28）　Aリーグ5勝2敗、3位。30度目の全国大学選手権に出場。明治大から初勝利。6月に台湾遠征し、政治大、長榮大と対戦

2017年（平成29）　Aリーグ6勝1敗、2位

2018年（平成30）　Aリーグ5勝2敗、3位。伊藤鐘史コーチが加入

2019年（令和元）　Aリーグ4勝3敗、4位。7年連続33度目の全国大学選手権に出場。関西選抜監督としてニュージーランドに遠征。第63回関西スポーツ賞功労賞を受賞

2020年（令和2）　3月、京都産業大を退任。同大学名誉教授に就任

2016年12月11日・花園

宮部　真典（みやべ　まさのり）

1967年、愛知県豊橋市生まれ。京都産業大学経営学部卒業。

91年、京都新聞社に入社し、木津支局、社会部などを経て98年から運動部勤務。野球、ラグビー、陸上などを担当。

2010年から滋賀本社勤務となり、大津いじめ問題の担当デスク。16年から運動部長、論説委員。20年から東京五輪・パラリンピック報道室長も兼務。

■表現について

著作の執筆にあたり、ラグビーの臨場感を感じてもらうため、新聞報道の基準に沿った表記としております。

楽志が実る日
大西健の47シーズン

発行日　2021年4月3日　初版発行

著者　宮部真典

発行者　前畑知之

発行所　京都新聞出版センター
〒604-8578
京都市中京区烏丸通夷川上ル
TEL 075-241-6192
FAX 075-222-1956
http://www.kyoto-pd.co.jp/book/

印刷・製本　立生株式会社

ISBN978-4-7638-0747-2 C0075